相談支援専門員のための

「サービス等利用計画」書き方ハンドブック

障害のある人が希望する生活の実現に向けて

編集
日本相談支援専門員協会

中央法規

はじめに

　2015（平成27）年度から障害福祉サービスを利用するすべての利用者に対して、サービス等利用計画（もしくは障害児支援利用計画）を作成することが義務づけられました。約70万人いるといわれるサービス利用者に計画を作成するため、相談支援専門員の養成数も年々増え、従事者も2万人を超えています。

　相談支援専門員の主な業務の一つに「サービス等利用計画」の作成があります。サービス等利用計画は、障害福祉サービスの利用や自立を目指した活動など、利用者本人の生活に直結する資料であるため、計画を立案する際には正確さと慎重さが求められますが、経験の浅い相談支援専門員は計画書を書くことに慣れていません。また、ベテランであっても計画書の書き方に自信がもてず、時間を要するという人もいるようです。

　例えば、「アセスメントを通じて収集した情報を、どうまとめればよいのか？」「本人の目標を文字でどう書き表せばよいのか？」「ニーズの優先順位をどうつければよいのか？」といった声を多くの相談支援専門員から聞くことがあります。

　本書は、そうしたサービス等利用計画の作成をめぐる悩みや困りごとに応えるためのものです。具体的には、「本人の意思表示が読み取りづらい」「本人と家族の意向に違いがみられる」「会うたびに本人の発言内容が変わる」「今すぐには実現不可能と思われる夢をもっている」「解決すべき課題の優先度がつけづらい」など、本書では全部で10のケース（事例）を設定しています。

　そのうえで、事例ごとに、「ラフデザイン」と「完成型」という2つのサービス等利用計画の記入例を掲載し、両者を比較することを通して、アセスメントおよび計画作成の段階で相談支援専門員が配慮すべきポイント、具体的な行動のためのヒントや計画書の書き方を提示しています。

　相談支援専門員は、利用者の夢や希望といった個人的な価値を反映させて計画書を作成する必要があります。そして、計画書の作成を通じて、その人らしい生活を実現していくためのワクワク感や、「やるぞ」といった気持ちなど、利用者が元気になるきっかけがつくれればと思います。

　本書の活用を通して、障害のある人への相談支援や支援サービスが充実し、本人が希望する生活の実現に向けた取組みに寄与することができれば幸いです。

　2017年6月

特定非営利活動法人　日本相談支援専門員協会
会長　菊本　圭一

Contents

はじめに

1部 サービス等利用計画作成に必要なスキル

1 サービス等利用計画作成に必要なスキル ── 2

2 インテーク面接のポイントやアセスメントの視点 ── 6

3 収集した情報をいかにサービス等利用計画に落とし込むか ── 14

4 サービス等利用計画の様式と記入上の留意点 ── 16

2部 サービス等利用計画の具体的な書き方

1 ケース（事例）の見方 ── 22

2 アセスメントが難しい場合の計画作成 ── 24
- Case 1 医療的ケアにより本人の意思表示が読み取りづらい ── 24
- Case 2 本人の言葉が出づらい（高次脳機能障害や失語など）── 36
- Case 3 本人に気分や意欲の減退がみられる ── 52

3 大目標が立てにくい場合の計画作成 ── 66
- Case 4 本人と家族の意向に違いがみられる ── 66
- Case 5 会うたびに本人の発言内容が変わる ── 78
- Case 6 今すぐには実現不可能と思われる夢をもっている ── 92

4 小目標がまとめにくい場合の計画作成 ── 104
- Case 7 本人が生活している地域に福祉サービス等が少ない ── 104
- Case 8 総合的な援助の方針が曖昧なために、課題や支援目標が設定しづらい ── 118
- Case 9 解決すべき課題の優先度がつけづらい ── 132
- Case 10 公的な福祉サービスだけでは課題の解決には至らない ── 146

編著者一覧

1部

サービス等利用計画作成に必要なスキル

1 サービス等利用計画作成に必要なスキル

❶ ソーシャルワーカーとしての相談支援専門員

今日、相談支援専門員には、「ソーシャルワークの担い手としてそのスキル・知識を高め、インフォーマルサービスを含めた社会資源の改善及び開発、地域のつながりや支援者・住民等との関係構築、生きがいや希望を見出す等の支援」を実施することが求められています。

そして、「将来的には、相談支援専門員は障害者福祉に関する専門的知見や援助技術の習得のみならず、社会経済や雇用情勢など幅広い見識や判断能力を有する地域を基盤としたソーシャルワーカーとして活躍する」役割が期待されています[※1]。

障害者の日常生活及び社会生活を総合的に支援するための法律（障害者総合支援法）では、指定一般相談支援事業者及び指定特定相談支援事業者の責務として、「障害者等が自立した日常生活又は社会生活を営むことができるよう、障害者等の意思決定の支援に配慮するとともに、市町村、公共職業安定所その他の職業リハビリテーションの措置を実施する機関、教育機関その他の関係機関との緊密な連携を図りつつ、相談支援を当該障害者等の意向、適性、障害の特性その他の事情に応じ、常に障害者等の立場に立って効果的に行うように努めなければならない」（法第51条の22第1項、下線は筆者による）と記されています。

自立に向けた支援、意思決定支援、支援のための連携、当事者主体の支援等、相談支援専門員が担うべき役割は、ソーシャルワーカーとしての機能そのものといえます。

障害ケアマネジメントに関する指針ともいえる国の「障害者ケアガイドライン」では、障害ケアマネジメントの全プロセスに携わる従事者（＝相談支援専門員）のもつべき資質として、以下の点をあげています[※2]。

❶ 信頼関係を形成する力
❷ 専門的面接技術
❸ ニーズを探し出すアセスメント力
❹ サービスの知識や体験的理解力
❺ 社会資源の改善および開発に取り組む姿勢
❻ 支援ネットワークの形成力
❼ チームアプローチを展開する力

注
※1 厚生労働省社会・援護局障害保健福祉部障害福祉課地域生活支援推進室「『相談支援の質の向上に向けた検討会』における議論のとりまとめ」、平成28年7月19日
※2 厚生労働省社会・援護局障害保健福祉部「障害者ケアガイドライン」、平成14年3月31日

すべての相談支援専門員には、ソーシャルワーカーとしての自覚をもち、その実践を担うために必要な職業倫理・知識・技術（スキル）等を磨き、障害ケアマネジメントの質の向上に努めることが求められます。

❷ サービス等利用計画の作成に際して相談支援専門員がもつべき視点

サービス等利用計画とは、利用者の日々の生活・未来の姿を描いた「人生の地図」とも表現できます。この地図の描き手は利用者自身であり、その地図を描く手伝いをするのが相談支援専門員です。

サービス等利用計画の作成に際して、**相談支援専門員がもつべき視点**としては、次の5つをあげることができます[※3]。

---

❶ エンパワメント、アドボカシーの視点
❷ 総合的な生活支援の視点
❸ ニーズに基づく支援の視点
❹ 連携・チーム支援の視点
❺ 中立・公平な視点
❻ 生活の質の向上の視点

これらの視点は、利用者の生活や人生に深く関与する相談支援専門員が、他者の人生にかかわるという重大な責任を担うための十分な配慮の必要性を意味しています。障害者の権利に関する条約（障害者権利条約）の成立過程では、障害当事者によって「私たち抜きに私たちのことを決めないで」（Nothing About Us Without Us）とのスローガンが提唱されました。このスローガンは、これまで障害者の生活や人生が他者によって決定されてきたことへの警句であり、障害者が自らの人生の主役となることをあらためて宣言したものといえるでしょう。

相談支援専門員には、利用者への意思決定支援や合理的配慮に努めることや、利用者が自分らしい人生を送るためのサポーターとなることが求められます。

注
※3 日本相談支援専門員協会「平成23年度厚生労働省障害者総合福祉推進事業―サービス等利用計画の実態と今後のあり方に関する研究事業―報告書」『サービス等利用計画作成サポートブック』，平成25年5月（改訂第2版）

❸ サービス等利用計画の作成に際して相談支援専門員がもつべきスキル

❶、❷で述べてきた相談支援専門員のもつべき資質や視点は、障害ケアマネジメントのプロセス全体のなかで発揮される必要があります。これらの資質や視点を、アセスメントやサービス等利用計画作成にあたり活かしていくためには、次に示すようなスキルも欠かせません。

なお、これらの4つのスキルは、「利用者が自らの生活や人生の主役であり続けること」を支援するために活用される必要があります。

(1) 利用者の想いや希望をくみ取るスキル

「利用者の想いや希望をくみ取るスキル」とは、相談支援専門員としての支援において最も基本となるスキルであり、相談支援専門員の業務そのものといえるものです。また、「意思決定支援」と同義といっても過言ではないでしょう。

利用者が自らの想いや希望を表出するための配慮や、表出された想いや希望についてやり取りを図るための意思疎通の工夫等が求められます。

利用者のなかには、言語的なコミュニケーションを苦手とする人もいます。言葉以外のかたちで、自らの想いや希望を表現する利用者の本意（真意）をくみ取るための取組みが大切です。

また、障害ケアマネジメントのプロセスでは、利用者と家族の想い・希望が異なる場合もあるでしょう。このような差異が生じた場合でも、まずは利用者本人の立場にたった支援を心がけましょう。

(2) 情報収集と情報の整理・分析に関するスキル

よりよいサービス等利用計画の策定のためには、利用者に関する情報を多様な人々から収集することが重要です（[**必要なスキル**] ⇒**多様な人とかかわる力**）。利用者本人からのほか、利用者の家族や親族、地域の関係者（フォーマル、インフォーマルの両者を含む）等から情報を収集し、利用者を多面的・立体的にとらえることが求められます（[**必要なスキル**] ⇒**支援に必要な情報を収集する力**）。

なお、情報収集に際しては、アセスメントシートを埋めることが目的化しないよう留意しなければなりません。アセスメントシートは、サービス等利用計画策定に必要な情報収集と整理・分析を行うためのツールに過ぎません。「アセスメントのためのアセスメント」に陥らないためには、アセスメント項目の全体像と各項目の意図を十分に把握していなければなりません（[**必要なスキル**] ⇒**多様な情報からアセスメントに必要な項目を見出す力**）。

次いで、収集した情報のなかから利用者の生活と人生を考えるために必要な情報を取捨選択し（[**必要なスキル**] ⇒**支援情報リテラシーの力**）、得られた情報をもとに課題抽出と支援の優先順位の設定を行います（[**必要なスキル**] ⇒**利用者の日常生活と人生を俯瞰す**

る力）。

(3) 課題解決に関するスキル

続いて、(2)で抽出され優先順位が付された利用者の日常生活における課題、また長い人生を思い巡らして見出された課題を、解決・軽減すべき具体的な課題として提案し、個々のサービス等に結びつける段階に至ります（**[必要なスキル]** ⇒利用者のニーズにふさわしいサービス等を提案する力）。

ここでは、地域における社会資源の全体像を把握しておくことが重要であり（**[必要なスキル]** ⇒地域の社会資源を把握する力）、利用者一人ひとりに合致したオーダーメイドの地域資源ネットワークを形成しなければなりません（**[必要なスキル]** ⇒サービス等をコーディネートする力）。

ネットワークを形成するうえで、相談支援専門員は、自らが「知ること・できること」と「知らないこと・できないこと」を峻別することが不可欠です。相談支援専門員はあらゆることをこなす存在であるべきではなく、自らの支援の限界を認識したうえで他の専門職・機関等とのネットワークを積極的につくり上げることが求められています。

また、相談支援専門員は、地域の既存のサービス等に利用者を当てはめるという「給付管理」等を行うのではなく、「かけがえのないこの人」の生活を支えるという視点をもつことが重要です（**[必要なスキル]** ⇒利用者一人ひとりを個別的にとらえ支援する力）。

そこでは、アセスメントやサービス等利用計画の作成を通じて見出された、地域に必要なサービス等が存在しない、あるいは不足するといった課題に対して、新たなサービス等の創設や拡充等の働きかけが大切です（**[必要なスキル]** ⇒地域資源を充実させる力）。

(4) 文章表現のスキル

サービス等利用計画は書面によって作成されます。相談支援専門員が利用者に十分向き合い、利用者とともにつくり上げてきたサービス等利用計画では、本人の想いや希望、必要な社会資源の提供、地域における連携等が、誰にとっても理解しやすく、齟齬が生じない表現で記されていることが重要です。

利用者の想い・希望を正確に表現しているだろうか、個々のサービス提供事業所にその意図が伝わる表現だろうか、モニタリングしやすい表現がなされているだろうか、抽象的な表現を極力排し、具体的な利用者の生活像が描かれているだろうか等の視点で、自らが作成した計画を見直すことが大切です。

2 インテーク面接のポイントやアセスメントの視点

❶ インテーク面接の質を高めるために

(1) 質を高める土台となるのは、利用者との関係性の構築

インテーク面接の質を高めていく前提として、利用者との関係性の構築がとても重要になります。互いの関係性が築けていない状態で、利用者が相談支援専門員に対して自分の想いや希望などは話してくれないでしょうし、言いにくい自分のプライバシーを他者に打ち明けることはないでしょう。

そこで、関係性を構築するには、さりげなく利用者を励ましたり、知識を伝えて助言をしたり、心を支える方法などを駆使したりする心配りが必要となります。

相談支援専門員が行う支援の原則は利用者の自己決定・自己選択を保障することですが、時には共同した意思決定も視野に入れた支援が必要です。

あなた自身も人生の大きな岐路にたったとき、友人や家族、先生などさまざまな人に意見を聞いて、決断した経験があるはずです。相談支援も同様で、まずは利用者の希望や夢を受け入れて自己選択を保障し、利用者に問題やつまずきの原因などを説明したうえで、余計な不安を和らげ、安心してもらうことが大切です。また、身体症状の不安などがある場合には、必要に応じて専門医へつなぐことも必要となります。

(2) エンパワメントを意識した指示や助言

次に、指示や助言も意識します。日常生活における、現実的な悩みやストレスについて話し合い、必要な指示、助言、示唆をすることになります。これは知識・情報不足、生活技術の未熟により不適応が生じている場合に有効です。ストレス発散方法を伝え、健康感、自尊心、自信の回復を図るという、エンパワメントを意識した相談支援となります。

興味や関心があることを引き出し、相手のストレングスを探るような視点で応対できることが理想となります。

その他、本人によい面を伝え、自己肯定感を高める支援も重要です。それにより、利用者のやる気を引き出し、内発的な動機を暗示し、意識づけることにつながります。不適応を生じているメカニズムを明確化し、新しい適応の仕方、生活目標など共有の糸口が確認されれば、インテークの質が高まった証拠となるでしょう。

(3) 受容的な態度の重要性

受容的な態度による伝え方、姿勢をもつことは、すべてのプロセスで重要となります。まずは、利用者に対してすべての注意を向け、相手の話を熱心に聴くことから始まります。利用者の感情や要求を、自由に、より深く、本人が納得のいくまで表現できるような環境づくりも相談支援専門員として大切な支援となります。

例えば、利用者が毎日散歩する場面に付き合って、自然な会話をしながら受容的な態度を示すことで、関係性が変化することもあります。利用者も支援者も場面展開による刺激で、新たな側面を発見したり、利用者自身が無意識だったことを意識化したりする可能性も高まります。

　さらに、その感情を共有するには、単純で単一的な言い回しだけでは**共感的理解**にはつながらないこともあります。相手がどんなにネガティブな感情、要求を出したとしても、驚いたり批判したりせず、開かれた、柔軟な心で受け止めるべきです。

　ただし、反社会的な暴力行為などについては、その要因となる感情は受け入れても、行為に移すことは容認しない毅然とした態度も併せもつことが必要です。

(4) 意図的な会話がもつ効果

　相手の興味や関心があることについて、相談支援専門員が話を広げていくことも1つのテクニックです。次に2つの会話の例を示します。

●**単なる会話の例**

> 利用者：「昨日、工賃が出たのでCDを買ったんだ」
> 聞き手：「ふーん、CDを買ったんだね」
> 利用者：「うん、買った」
> 聞き手：「よかったね」
> 利用者：「……」
>
> ※会話に広がりがなく、CDを買ったことの意味さえも確認ができていない。

●**意図的な会話の例**

> 利用者：「昨日、工賃が出たのでCDを買ったんだ」
> 聞き手：「ふーん。よかったら何のCDを買ったか教えて」
> 利用者：「SMAP」
> 聞き手：「そうなんだ。SMAPの曲では何が一番好き？　私は『らいおんハート』が好きだなあ」
> 利用者：「え～！　SMAP好きなの？」
> 聞き手：「そうだなあ、キムタクがいいねえ」
> 利用者：「私は中居くんだよ」
>
> ※利用者との会話がはずみ、相談支援専門員への期待感や信頼感へつながる意図的な会話となっている。

単なる会話と**意図的な会話**の違いを感じとれるでしょうか。

　もし、あなた自身がSMAPに興味がなく、情報をもっていなかったときには、次回以降の面談までにSMAPに関する情報を収集し、次の機会に会話ができることで、利用者との関係性が縮まることもあります。「そんな些細なこと」と他人からみえることでも、利用者にとって心を開くきっかけになる可能性が高まります。

(5) 4つの「つき」(目つき、口つき、顔つき、身体つき)に心を向ける

　このように、相手の期待する会話や対応ができない場合には、関係性の構築は図れないでしょうし、反対に、期待どおりの会話や応答があると一気に関係性は縮まるはずです。このような対応は感性を磨かなければ気づきません。感性を磨くためには、いわゆる**4つの「つき」**(目つき、口つき、顔つき、身体つき)**に心を向ける**観察が必要です。

表1　相談支援専門員として配慮する点（渡辺満子氏：研修資料より）

❶ 4つの「つき」（目つき、口つき、顔つき、身体つき）に心を向ける
❷ 鋭い感受性のアンテナを張り、相手の心の動きに注目し、感情表現を大切にする
❸ 相手との窓を見つける（相談は関係性の中にある）
❹ あたたかさと同時に、厳しさをもつ（主役はあなた）
❺ 同情、説諭、叱咤激励、指示は相手の依存性を高め自己解決力を低下させる
❻ 問題の事実より相手の真実をまず尊重する
❼ 相手は、傷つきやすい状態、恥ずかしい部分をさらけ出さなくてはならないことを、十分心にとどめておく
❽ 守秘義務

　以上のように、利用者のペースで意図的な面談・会話がくり返されることで、「信頼関係」というインテーク面接の基盤が築かれ、相談の質を向上させる1つの取組みとなります。

❷ アセスメントはすべてのプロセスの始まりであり、一番重要なプロセス

(1) 利用者が相談にやってくる目的（現状の把握と状況整理）

　利用者が相談にやってくる目的は何でしょうか。

　それは、利用者が相談機関を訪れ、他人には話したくない事柄（個人情報など）を伝えてまで求めていることです。相談機関に訪れる人が10人いれば10人の生活があり、同じ目的は何一つ存在しないはずですが、それぞれに共通していることは何でしょうか。

　利用者それぞれの抱えている悩みや問題が、利用者にとって一人では抱えきれない状態にあり、相談員のあなたに助けを求めている、ということが共通していることではないか

と、私は考えます。

　まずは、自分自身の人生を振り返ってみることで、このことについて考えてみましょう。

　私自身もこれまでさまざまな人々からの助けや応援を受けて生活してきました。学生の頃は先生や友人に、働き始めてからは職場の同僚や上司等に、自分の力だけでどうにもならない状況になったときは、誰かの力を借りて人生を歩んできました。

　また、どうにもならない状況にある原因が、例えば病気や法律問題など、自分の知識や経験だけでは解決できないと判断した場合に、専門機関（専門職）の力を借りることはごく当たり前のことです。これは障害のあるなしにかかわらず、人生のさまざまな場面において、誰もが体験する共通した事柄といえるでしょう。

　あなたの大切な人が突然亡くなったとします。その人が親であれば、葬式や遺産相続などについて、葬儀屋さんや司法書士などプロのサービスを受けることがあります。また、家を建てるという決断をしたときには、設計や建築許可の申請など、建築士のサービスを受けることもあります。その目的は明確で、どのようなニーズがあれば、どの専門機関に行くかは簡単に想像がつきます。

　しかし、福祉が対象とする相談場面においては、「今よりも幸せに暮らしたい」「親に迷惑をかけないようにしたい」「友人がほしい」など、漠然としていて誰とつながることが効果的なのかがわかりづらいものがたくさんあります。また、何に困っていて、自分自身がどのような状況にあるのかさえ、他人にうまく伝えられない人もいます。

　したがって、実際の相談場面においては「ホームヘルプサービスを利用して、一人暮らしがしたい」など具体的な希望をもって相談に来る人は、あまり多くありません。特に障害や病気のために、意思表出や意思決定に支援が必要な人へは、本人の話を十分に聴き、本人が受け取れる方法で十分に情報を伝え、現在の状況を共有するまでに多くの時間を費やすことになります。

(2) アセスメントでやる気を引き出す

　相談支援専門員は、利用者へのアセスメントの機会を通じて、他人から支援を受けるだけではなく、自分自身の新たな可能性に気づいてもらうことやプラスの面を引き出すことも重要な役割となります。

　他者からの支援や応援だけではなく、自分自身で日常的に能動的に行っていて元気が出たり、気分転換が図れたりするような、**前向きな行動などにも注目する**ことで、アセスメントの質が高まります。「前向きな行動」とは、やる気や前向きになる心理的な変化を促進し、人が積極的、能動的になることへのきっかけにできる行動のことです。

　例えば、朝の犬との散歩や読書、ジョギングで気分転換を図るなど、何らかの目的をもった能動的な行動です。このような行動は、受動的な心理状態ではなかなか行えません。また、無意識に行っていたことが自分にとって実はとても大切で、生きがいにつながる行動であることに気づくと、能動的な心理変化が期待できます。

(3) 「障害者像」をつくり上げない

　一方で、相談支援専門員は、相手の話を聴き進めるうえで、生活のしづらさばかりに着目したアセスメントを行いがちです。例えばそれは、病気を治療する医者のように、「診断」という目でアセスメントを行い、病気や障害の「原因」を特定し、それに対して薬や手術で「治療」するというスタンスの支援です。間違いではありませんが、それだけでは生活課題に対応できない人はたくさん存在します。

　利用者側からすると障害や病気にだけ着目された質問ばかり受けて、勝手に自分の「障害者像」がつくり上げられているようにしか感じられないと、前向きな発言や前向きな気持ちになれません。もし、このようなアセスメントが長く続けば、支援者への依存度が高まり、自発的な行動がとれない人を支援者がつくり上げてしまうことになるかもしれません。

(4) アセスメントシートに縛られない面談

　上記のようななかなか質が上がらないアセスメントの原因として、アセスメントシートの使い方の誤りが指摘されています。家族構成や年収、職業、障害種別、病歴など、矢継ぎ早に質問攻めにして、アセスメントシートを埋めることが目的となってしまったアセスメントです。

　各事業所の一般的なアセスメントシートは非常に広範囲な情報を収集できるようにできていて、相談内容に必要のない項目まで聴き取っているかもしれません。その結果、次々にあびせられる質問に面食らって言葉が出ない人がいても不思議ではありません。

　利用者は、苦悩のなかに落ち込み、出口を見失って、私たち相談支援専門員の前にやってくることを想定して、慎重かつ丁寧にアセスメントを行うべきです。

　例えば、あなた自身が下記の問いかけに即座に明確に答えることができますか。

・あなたにとっての幸せは何ですか？
・あなたの人生において、何が一番大切ですか？
・あなたはどのように生きたいですか？
・あなたが一番信用している人は誰ですか？

　いかがでしょう？　返答が非常に難しいのではないでしょうか。

　私もそうですが、上記のような質問を直接されたところで、まごついてしまい、一般的には答えにくいものです。

(5) 総合的な支援方針は夢や希望が引き出されてこそ

　欠陥やニーズの多くは、比較的表面化しやすいことなので、その原因の究明やネガティブな面ばかりを掘り下げてしまうアセスメントは、計画作成において、あまり役に立ちません。

欠陥やニーズだけを掘り下げて原因の究明をするよりも、利用者のもつストレングスや希望、夢などの目標を語ってもらうことのほうが、人間的なつながりが形成されやすく、今後の支援によい影響を及ぼすことになるでしょう。
　そこで、アセスメント時にはなるべく早い段階から個人や環境のストレングスを意識して、障害やニーズだけを焦点化しないことがとても重要となります。
　<u>夢や希望を引き出すアセスメント</u>（かかわり）ができなければ、総合的な支援方針や長期的な目標を立てることもできなくなるのです。

❸ 計画の質を上げるには、アセスメントの精度を高める工夫が必要

　計画の質を上げるには、プランニングに入る前に十分な準備に加えて、アセスメントの精度を上げることがとても重要です。
　理系が得意な人、文系が得意な人、絵が得意な人、スポーツが得意な人など、人が得意とすることや興味が湧く対象がそれぞれ違っているのは自然なことです。前回の面談を振り返り、利用者との関係性を意識した話題づくりのための情報収集や、意図的な会話ができるためのきっかけとなる環境づくりを準備します。そして、相談支援専門員自身にも考える基準やものさしがあって、何かしらの基準で相手の話を聞くことになります。
　相談支援専門員自身の価値観や一人だけの狭い価値観で相手をみないためにも、情報を収集するには労力や時間などが非常にかかりますが、<u>関係者からの情報収集</u>は重要なプロセスとなります。
　まずは、利用者の意向や興味・関心など、表出されている内容に沿って、さまざまな情報を集めることから始めていきます。やみくもにアセスメントシートにあるすべての項目を聴き取ればよいわけではありません。

(1) 利用者の「表出している意思」や「希望」を無視しない
　支援者が診断・判断したニーズを大切にしていくことも重要ですが、利用者の<u>表出している意思や希望</u>を無視してはいけません。利用者のニーズに対する葛藤のみに着目せず、常に受容的態度でかかわることで、利用者との関係性が構築されます。
　問題、ニーズ、欠陥、症候などに関連した情報が利用者から表出されていても、相談支援専門員は<u>思考をマイナスからプラスへと転化する</u>ことが重要になります。利用者が「私は気が短い」と表現していても、「テキパキとして要領がよいですね」と、リフレーミングして言い換えることで利用者本人の受け止め方が変わります。
　長期的なかかわりによって生じがちな困難さを、あらためて肯定的なとらえ方へ変えていくために、まずはストレングスを見出すことが大切です。言い換えると、その人の「よいところ探し」を行うことです。
　ストレングスを見出しにくい場合、問題点と思われる部分を肯定的にとらえ直すことも

必要です。例としては、「頑固な側面」も見方を変えれば、「意志の強さ」ととらえることで、ストレングスを見出す視点が広がり、それを活かした質の高い計画作成へとつながっていきます。

　ただし、支援者がいくらストレングスだと判断したアセスメント結果があっても、<u>利用者自身がストレングスだと認めなければ、それはストレングスとして支援や計画のなかには活用できません。</u>

(2) アセスメント時に求められる視点や考え方
　最後に、具体的な姿勢や視点、情報のとらえ方を整理しておきます（表2）。

　以上のように、計画作成の質の向上は、基盤となるアセスメントの質の向上なしには実現しません。ケアマネジメントの基本は「アセスメントに始まり、アセスメントに終わる」といわれる所以は、ここにあると考えられます。

表2　「面接時に求められる視点や考え方」（渡辺満子氏：研修資料より）

求められる姿勢や態度	●ケースの筋にとらわれないで話を聞く（相手の話は、その方の主観をベースとしたひとつの歴史、物語と言える。それが本当かどうかはわからないが尊重し、聞き手がポイントを押さえながら聞いていく）。 ●弱みの中にも、強みはある（例：「なにくそ！」逆境にいても芽生える気持ち）。 ●青年期には、精神的に揺れる人が多い。そして、なぜ自分が揺れるのかわからないで、さらに混乱する人が多いので「行ったり来たり」を十分に保障する。 ●ケースの事を、好きになれなくても嫌いにはならないと、利用者との関係性は構築できない。
求められる視点	●当事者や家族が安心できるためにどんな援助が必要なのか、皆一生懸命生きている対象と捉える視点を持つ。 ●現在がどういう状況であっても、一人ひとりが生きてきた歴史は大切にしたい。そうせざるを得なかった何か（理由）がきっとあるはずといった視点を持つ。 ●自分の物差し、価値基準（自分の生き方のポリシー、枠をきちんと持つ）が見えると、相手をフラットに見られるようになり、その全体像が見えてくる。 ●人や環境のストレングスに着目する視点を持つ。 ●必要な援助と、しないほうがいい援助を意識しながら聞き取る。
根拠のある情報収集	●入院や病気時の検査結果、家計簿などデータで見ることができるものは数値で確認する（事実の確認）。 ●人の発達について、基本的な知識を学んでおく。人の発達を知っていれば、ズレが見えてくる。また、その人物像が見えてくる（正常範囲にはどういう事が有るか。発達上の事なのか病的な事なのか）。 ●生育歴はとても重要。育ちを見ると個人が見えてくる（親はどうだったか、育てやすかったか、育てにくかったか、集団になじんだか、ルールが守れたか、どういう部分が落ちているかなど）。 ●さらに生育歴や職歴などを集約し、個人の問題（生育歴）、家族の問題、関わってきた機関など、時系列で見ていくと、どこでつまずいているかが見えてくる。 ●環境の問題も同様。どんな人生を歩んできて、どんな環境の中で暮らしてきたのかを確認する。 ●精神障害などの病気について、それぞれ対応の仕方が違うので、専門的な情報を担当医に求める（社会的な活動ができる状況なのか、知り得た情報は支援者全体で共有することが重要）。

3 収集した情報をいかにサービス等利用計画に落とし込むか

❶ 利用者を中心においた計画の作成

(1) 利用者の目線による事実に基づいた計画作成

　利用者の意向や興味・関心など、表出されている内容に沿って、さまざまな情報を集めることができれば、次に行うことは計画の作成です。

　利用者を中心においた計画は、利用者の考えや想い、現状について利用者の目線で計画作成することが大切です。アセスメントを通じて収集された情報が事実なのか推測なのかの仕分けや整理を行い、そこから推測できることや必要となる支援を組み立てることが計画作成の意義です。

　時々、推測だけで根拠のない情報や間違った情報ばかりで、計画を作成する人がいます。「○○さんが言っていた」「〜らしい」「○○だと思います」など、推測ばかりの情報を活用した計画では、利用者自身の計画にならないことが容易に予想されます。モニタリングの際に状況の変化が全くなく、そのことに気づかされても遅いのです。

(2) 本人不在の計画とならないために

　計画を作成する際は、誰の支援なのかをあらためて念頭におきます。アセスメント時に家族の意向ばかりを聞いていると、利用者本人の意向が聴き取れていないことがあります。このような場合、本人不在の計画となっていて、計画実施の段階に入ってから、自分のミスに気づくことになります。

　また、モニタリングを行うと、利用者の生活等に全く変化が起きていない事実に直面します。本人不在の計画は質の低い計画にありがちなミスとなるのです。もしそのことに気づいたのであれば、一から計画作成を行う勇気をもってアセスメントに戻るなど、労力を惜しまないことがとても大切です。

　計画作成は、本人も漠然と無意識に考えていた将来への希望や想いを、支援者とともに具体化していく作業です。利用者への支援を開始するにあたっては、「私の大切にしているもの（利用者の優先順位）」によって語られる、「いつ」「どこで」「誰と」「何で生計を立てて」「どのような暮らしをしたいか」ということが具体的に支援者と共有されることが前提となります。それは、利用者が希望する生活イメージを共有し、明確にすることで、新たな一歩を踏み出すきっかけ（内発的な動機）が芽生えるからです。

(3) アセスメント情報を時間軸と効率性で整理

　その他、集まった情報の緊急度があるかないかの重要度を整理します。具体的には、健康被害へつながるリスクは、当然初期段階で解消や提言を目指し、計画へ位置づけます。

　ただし、虐待などの事実があるものについては、プランニングの段階ではなく、虐待状

態を解消することが最優先になります。暴力を受けていて保護しなければならないことなどを認めた時点で行政と連携し、虐待状態の解消や被虐待障害者の保護が最優先事項となります。「虐待」の言葉が頭に浮かんだら、決して一人だけで判断せず、虐待通報窓口などと連携して多角的な視点で判断することを心がけましょう。

次に、効果的で効率よく支援を行うための順序を意識した判断をします。どこから支援を始めれば、より効果的な支援になるのか、利用者自身が生活を変えようとしたり、新たなことにチャレンジしようとしたりする動機を考慮します。この順序を意識しない計画では課題感が強くなり、新たなことにチャレンジするヤル気や自主性が生まれにくくなります。

❷ 目標がもつ意味

利用者自身が自分の新たな可能性に気がつき、自主的に計画を始めることになれば、目標達成の可能性が著しく高まります。それは、とても重要な提案や判断となります。目標達成のための時間が十分でなかったり、目標設定が高すぎたり低すぎたりしても、効果の上がる計画とはなりません。集められた情報を利用者の基準で考え、整理することで、利用者の意向に沿った質の高いサービス等利用計画になります。

(1) やる気を引き出す目標設定

やる気を引き出す質の高い計画にするためには、長期目標が短期に実現可能ないくつかの段階に分けられていることが大切です。アセスメントで確認されたニーズを、すべて同時期に一度に支援しようとすることは、利用者を混乱させることにもなりかねません。

利用者の内面的な変化を意識し、何が利用者の内発的な動機になり、パワーの源になるかを推測し、できるだけ小さなステップに分け、小さな達成感を重ねていくことが重要です。達成感を同時に意識できることで、次々と目標実現のための動機があふれ、推進力のあるサービス等利用計画になるはずです。

また、目標が利用者にとって楽しくないものでは、本人のやる気につながらず達成されないことにも意識を向ける必要があります。よいサービス等利用計画とは、利用者がエンパワメントされていくための内発的な動機や大切にしていることが明確に記載され、「よし、やるぞ！」といった、生活への意欲が高まるものです。そのためには、利用者の想いに徹底的に寄り添うことが何より大切なのです。

参考・引用文献

・小澤温監修, 埼玉県相談支援専門員協会編『相談支援専門員のためのストレングスモデルに基づく障害者ケアマネジメントマニュアル――サービス等利用計画の質を高める』中央法規出版, 2015.
・近藤直司『医療・保健・福祉・心理専門職のためのアセスメント技術を高めるためのハンドブック――ケースレポートの方法からケース検討会議の技術まで』明石書店, 2015.

4 サービス等利用計画の様式と記入上の留意点

❶ サービス等利用計画の様式

　この計画書は、障害者の現在の生活の状況等に関する基本情報や個別のアセスメントから導き出された一つひとつの生活課題（ニーズ）を解決し、「こうやって生活したい」「こんなことをやってみたい」という利用者が希望する生活を実現していくために、具体的な手段を示しながら一歩ずつ解決していくための計画を表したものです。
　また、相談支援専門員がアセスメントを通して作成した計画は、市町村が障害福祉サービスの支給決定を行うための根拠となるとても大切なものです。

サービス等利用計画

サービス等利用計画（子どもの支援利用計画）

利用者氏名（児童氏名）		障害支援区分		相談支援事業者名	
障害福祉サービス受給者証番号		利用者負担上限額		計画作成担当者	
地域相談支援受給者証番号		通所受給者証番号			

計画作成日		モニタリング期間（開始年月）		利用者同意署名欄	
利用者及びその家族の生活に対する意向（希望する生活）	←❶		❶		
総合的な援助の方針	←❷				
長期目標	←❸				
短期目標	←❹				

優先順位	解決すべき課題（本人のニーズ）	支援目標	達成時期	福祉サービス等 種類・内容・量（頻度・時間）	課題解決のための本人の役割	評価時期	その他留意事項
	↑❻	↑❽	↑❾	↑❿	↑⓫	↑⓬	↑⓭
1	❻❼	❽	❾	❿	⓫	⓬	⓭
2							
3							
4			❺ サービス等利用計画全般				
5							
6							

❷ 記入上の留意点

❶ 利用者及びその家族の生活に対する意向（希望する生活）
- 「こうやって生活したい」「こんなことをやってみたい」という、利用者が希望する生活の全体像を記載する。
- 利用者の困り感を利用者と共有したうえで、できるだけ利用者の言葉や表現を使い、前向きな表現で記載する。（例：○○が必要なため、○○をしたい等）
- 「安定的な生活がしたい」といった抽象的な表現は避ける。
- 家族の意向を記載する場合、利用者の意向と明確に区別し、誰の意向かを明示する。内容的に家族の意向に偏らないように記載する。
- 利用者・家族が希望する生活を具体的にイメージしたことを明確にしたうえで記載する。

❷ 総合的な援助の方針
- 「総合的な援助の方針」は、アセスメントにより抽出された課題をふまえ、「利用者及びその家族の生活に対する意向」を相談支援専門員の立場から捉えなおしたもので、計画作成の指針となるものである。
- 支援にかかわる関係機関に共通の最終的に到達すべき方向性や状況として記載する。
- 利用者や家族がもっている力、強み、できること、エンパワメントを意識し、一方的に援助して終わるのではなく、援助することで強みやできることが増える方針を記載する。
- 表現が抽象的でなく、サービス提供事業所が個別支援計画の方向性やサービス内容を決める際にも参考にしやすいように記載する。

❸ 長期目標
- 「総合的な援助の方針」をふまえた長期目標を記載する。
- 短期目標を一つずつ解決した積み上げの結果として、実現できる目標を記載する。
- 単なる努力目標ではなく、利用者が希望する生活に近づくための目標を記載する。
- アセスメント結果や利用者の意向からみて妥当な（高すぎない、低すぎない）目標を記載する。
- 利用者、家族にわかりやすい（抽象的でない、あいまいでない）目標を記載する。
- 支援者側の目標を設定したり、サービス内容を目標に設定しない。
- サービス提供事業所が作成する個別支援計画を立てる際の指標になることを意識して記載する。
- 半年から1年をめどに記載する。

❹ 短期目標
- 「総合的な援助の方針」をふまえた短期目標を記載する。
- 長期目標実現のための段階的で具体的な目標を記載する。

- 利用者、家族が見ても具体的に何をするのかわかり、目標達成したかどうか判断できる目標、できるだけ実現可能な内容を記載する。
- サービス提供事業所が作成する個別支援計画を立てる際の指標になることを意識して記載する。
- 支援者側の目標を設定しない。
- モニタリング頻度も視野に入れ、直近から3か月までをめどに記載する。

❺ サービス等利用計画全般

- 支援決定に直結する項目であるため、「解決すべき課題（本人のニーズ）」に対応する公的支援、その他の支援を網羅して検討する。
- 支援を受けながらも利用者が役割をもつこと、エンパワメント支援を意識して記載する。
- サービス提供事業所が作成する個別支援計画を立てる際の基礎情報となることを意識して記載する。
- 関係機関が役割分担を明確にし、利用者の希望や支援の必要性を理解して支援できるよう、計画作成時にはできる限り利用者も含めたサービス等調整会議を開催する。
- 単に利用者や家族の要望だけに合わせて計画作成するのではなく、相談支援専門員が専門職として利用者の希望する生活を実現するために必要なことは何かを考えて記載する。

❻ 優先順位

- 緊急である課題、利用者の動機づけとなる課題、すぐに効果が見込まれる課題、悪循環をつくりだす原因となっている課題、医師等の専門職からの課題等を関連づけ、まず取り組むべき事項から優先順位をつける。
- 利用者、家族が優先的に解決したいと思う課題や取り組みたいという意欲的な課題から優先するなど、利用者、家族の意向を十分汲み取って記載する。

❼ 解決すべき課題（本人のニーズ）

- 「利用者及びその家族の生活に対する意向」「総合的な援助の方針」と連動して記載する。
- 生活するうえでサービスの利用の必要性がない課題（ニーズ）についても網羅し、単にサービスを利用するためではなく、利用者が希望する生活を実現するための課題を記載する。
- 利用者が理解しやすいように難しい専門用語を避ける。
- 漠然としたまとめ方ではなく、利用者の言葉や表現を適宜引用しながら意欲を高め、利用者が自分のニーズとして捉えられるように記載する。
- 抽象的で誰にでも当てはまるような表現は極力避け、相談支援専門員がアセスメント等を通じた専門職の視点として、その人にとっての必要なことは何かを考え、具体的にその内容を表現する。
- 課題（ニーズ）のなかにサービスの種類は記載しない。

❽　支援目標
- 「解決すべき課題（本人のニーズ）」を相談支援専門員の立場から捉えなおしたもので、支援にかかわる側からの目標として記載する。
- 長期、短期目標からさらに細分化した具体的な支援目標を記載する。

❾　達成時期
- 段階的に達成できる達成時期を記載する（省令には、「達成時期」と記載されているため、「達成期間」ではない）。

❿　福祉サービス等
- 利用するサービスの内容を単に記載するのではなく、具体的な支援のポイント等も記載する。
- 公的支援（障害福祉サービス、介護保険等）とその他の支援（インフォーマルサービス）を必要に応じて盛り込む。
- インフォーマルサービスが含まれていない場合、直ちに不適切ということはないが、含まれていない理由を考慮して、支援の導入を検討することが重要である。
- 支援にあたっては、福祉サービス等を導入するとともに、本人のできていること、強みを活かした計画作成を心がける。
- 特定のサービスによる偏りがないように作成する。
- すべてのサービス種類・内容が同時並行で導入されるとは限らないので、導入順序についても計画性をもつ。
- 社会資源の不足や未整備により、該当地域で利用できないサービスに関しても記載する。
- 本人のニーズはあるが、社会資源の不足や未整備により利用できない、量が不足しているサービスに関しても記載する。

⓫　課題解決のための利用者の役割
- 利用者が取り組むべきことをできるだけ具体的に記載する。
- 利用者が理解しやすいように難しい専門用語を避ける。
- 利用者の言葉や表現を適宜引用しながら意欲を高め、利用者が自分のこととして主体的に取り組もうと思えるように記載する。
- 実効性を適切にアセスメントして、利用者に無理な負担をかけないように留意する。

⓬　評価時期
- 設定した個々の支援の達成時期をふまえ、適切な評価時期を設定する。
- サービス導入後の変化についてあらかじめ見通しをもち、適切な評価時期を設定する。
- 過剰なサービスにより利用者のエンパワメントが妨げられないよう、適切な時期に必要性の再評価が必要である。

- ここで設定した評価時期を総合して、全体の「モニタリング期間」を設定する。

⓭　その他留意事項
- 項目で記載しきれない具体的な取り組み等について記載する。
- 関係機関の役割分担等、サービス提供にあたっての留意事項を記載する。
- スケジュールや見通しに対して、対応方法の一貫性が必要な利用者に対しては、家族、事業所間での密な連携が重要であるため、必要に応じて、支援方法を統一するためのサービス等調整会議の開催が求められる。

⓮　モニタリング期間
- 市町村が決定したモニタリング頻度を記載する。
- 具体的には、サービス導入当初で３か月間毎月モニタリングする場合は「１か月（例：29年4月～29年6月）」と記載する。
- ３か月終了時点で半年に一度と判断された場合には、「６か月（例：29年10月～30年3月）」と記載する。
- 設定されたモニタリング期間にかかわらず、状況の変化などによりサービスの調整等が必要になった場合は所用の手続きをとってモニタリング月を変更する。
- 特に初回作成のプランについては、丁寧なモニタリングを実施することで質の向上へとつなげることを忘れないようにする。

2部

サービス等利用計画の具体的な書き方

1 ケース（事例）の見方

❶ ケース（事例）を取り上げる意味

　1部では、相談支援専門員がもつべき7つの資質のほか、サービス等利用計画の作成に際してもつべき6つの視点、さらには、計画作成に必要とされる4つのスキルについて解説しました。

　相談支援専門員は、利用者が希望する生活を実現していくために、サービス等利用計画を作成しなければなりません。しかし、「アセスメントで思うように情報が収集できない」「総合的な援助の方針が立てづらい」「総合的な援助の方針に基づいてニーズや福祉サービス等が明確にできない」といった困りごとを抱え、結果として、計画書のなかでどう表現したらよいのか悩んでいる人が多いようです。

　そこで2部では、1部で解説した資質・視点・スキルをふまえて、相談支援専門員がどのようなサービス等利用計画を作成すればよいのか、ケース（事例）を通して考えます。

❷ ケース（事例）の分類

　2部では、次のように、10のケース（事例）を紹介しています。

- **アセスメントが難しい場合の計画作成**
    - Case 1　医療的ケアにより本人の意思表示が読み取りづらい
    - Case 2　本人の言葉が出づらい（高次脳機能障害や失語など）
    - Case 3　本人に気分や意欲の減退がみられる
- **大目標が立てにくい場合の計画作成**
    - Case 4　本人と家族の意向に違いがみられる
    - Case 5　会うたびに本人の発言内容が変わる
    - Case 6　今すぐには実現不可能と思われる夢をもっている
- **小目標がまとめにくい場合の計画作成**
    - Case 7　本人が生活している地域に福祉サービス等が少ない
    - Case 8　総合的な援助の方針が曖昧なために、課題や援助目標が設定しづらい
    - Case 9　解決すべき課題の優先度がつけづらい
    - Case10　公的な福祉サービスだけでは課題の解決には至らない

　なお、ここでいう【大目標】とは、計画書のなかの「利用者及びその家族の生活に対する意向（希望する生活）」や「総合的な援助の方針」を指します。また、【小目標】とは、「解決すべき課題（本人のニーズ）」や「支援目標」などを指します。

❸ 各ケース（事例）の構成（流れ）

2部で紹介する10のケース（事例）は、すべて同じ構成（流れ）でまとめられています。

- 事例概要 ☞ ❶
  ↓
- 情報の整理、ニーズの絞り込み・焦点化 ☞ ❷
  ↓
- 「見直し前」のサービス等利用計画 ☞ ❸
  ↓
- 見直しポイント「前」と「後」 ☞ ❹
  ↓
- 「見直し後」のサービス等利用計画 ☞ ❺

　まずは、事例に登場する利用者本人はどのような人なのか、氏名や性別、年齢、障害等の情報のほか、家族構成や生活歴などを紹介します（＝❶）。

　そのうえで、アセスメントの段階で収集した情報をもとに、利用者本人にどのようなニーズがあるのかを明らかにします（＝❷）。

　❸で示されるサービス等利用計画の記入例は、あくまでもラフデザイン、つまりおおまかな内容のものです。そのため、計画書に記入されている内容がうまく表現されたものでなかったり、不十分なものであったりします。そこで、具体的に見直すべきポイントを、1事例あたり3つから5つ取り上げています。

　見直すべきポイントは、「見直し前」と「見直し後」が対比できるように、見開きで示しています（＝❹）。特に「見直し前」では、記入内容がうまく表現されていなかったり、不十分だったりする理由を解説するとともに、相談支援専門員がどのように対応すればそうした課題が解決できるかを明らかにしています。

　また、「見直し後」では、なぜこの見直しのポイントが、計画作成の際に大切になるのかについて解説しています。

　そして最後に、見直すべきポイントを反映させて作成したサービス等利用計画の記入例を、あらためて紹介しています（＝❺）。

Case 1

2 ▶ アセスメントが難しい場合の計画作成

医療的ケアにより
本人の意思表示が読み取りづらい

事例概要

氏名・性別・年齢
氏名 南野なぎさ（女性）
年齢 18歳2か月

障害等
出生時の脳内出血による麻痺、不随意運動・失調等により、両上肢を使用する日常生活動作、歩行が不可能である。
てんかん発作がある。

家族構成
父、母、兄（県外の大学に在学中）との4人暮らし
母方の祖父母の家の敷地内に新築し、転居の予定である。

生活歴
A県T市にて出生、上記原因により状態が落ち着かず入院する。1か月経過し、A県M市の小児医療センターに転院となり、1歳6か月まで入院となる。退院後は家庭にて過ごし、4歳から医療型の通園施設に通う。
A県立病院に隣接するA県立T特別支援学校へ進学、小学部、中学部と進み、現在高校3年生。
卒業と同時に、A県M市にある母親の実家の敷地内に家を建て、転居する予定である。
栄養は、経管栄養法で摂取している。気管支が弱く、状態のよくないときは喀痰吸引が必要である。
経皮的動脈血酸素飽和度（SpO2）が下がることが多い。
側彎（そくわん）が少しずつ強くなってきている。
仕事が休みの日などには父親が外出や医療のことも手伝ってくれているが、基本的に仕事は忙しい様子である。母親が本人を連れて実家に行くことも多い。母方の祖父母は、小さい頃から本人をかわいがり、本人の調子がよいときには見守りなどもしてくれている。家族関係は非常によい。

情報の整理、ニーズの絞り込み・焦点化

　現在はＴ特別支援学校に在学しているが、卒業後はかかりつけの医療センターのあるＭ市（母親の実家の敷地内）に家を建て転居予定。
　卒業後の進路として日中の活動場所について家族からの相談と、転居するということで特別支援学校から相談依頼があった。
　今のところ、医療センター併設で看護職員の数が多い生活介護事業所の利用希望がある。入浴や身体の状況などの管理ができることもあって担当医ともそのような話をし、担当医から事業所に話もしているとのことであったため、事業所との調整などを行う。

　生活全般について介助が必要であり、最近は体重も少しずつ増え40kgを超えてきている。身体は大きくないが、側彎などもあり、現在は入浴等に苦労している様子である。紙おむつを使用している。

　てんかん発作は頻繁ではなく、服薬にてコントロールはされているが、3日に1回程度、概ね1～2分の硬直と痙攣がある。
　若干身体を動かそうとはするが、手足の拘縮があり、一人での座位はとれず、寝返りなどは難しい。気をつけておかなければ仙骨周辺などに褥瘡のおそれもあるので、リクライニングの車いすの角度を変えたり、ポジショニングに配慮したりする必要がある。食事については鼻腔より経管栄養を注入している。
　気管支が弱いこともあり呼吸が乱れることもあるが、吸入などを行うと落ち着くことが多い。そのようなときは痰の吸引などが必要となってくるが、ここ3年くらいは安定している（入院もない）。

　特別支援学校からの話では、にぎやかなところが好きで、話しかけられたり、人が会話したりしていると自分も参加しているように表情がゆるみ、何か言おうとしているのか声を出していることもあるとのこと。音楽なども好きで、家族でコンサートなどに出かけると笑顔がたくさん見られるとのこと。

　家族関係は良好で、敷地内の母屋に住む母方の祖父母とも乳幼児期からずっとかかわってきたこともあり、安心している様子がみられる。そういったこともあって家族と過ごす時間は大事にしたいという希望がある。
　ただ、家族とばかりでなく、時には同世代の人たちともいろいろな経験をしてほしいということも両親は話していた。環境の変化に左右されることはあまりなく、学校の環境が変わっても不適応を起こすことはなかったとのことである。

見直し前　サービス等利用計画

サービス等利用計画

利用者氏名（児童氏名）	南野なぎさ　様	障害支援区分	
障害福祉サービス受給者証番号	○○○○○○○○○	利用者負担上限額	
地域相談支援受給者証番号		通所受給者証番号	
計画作成日	○年○月○日	モニタリング期間（開始年月）	
利用者及びその家族の生活に対する意向（希望する生活）	新築した家で家族と安心して暮らし、日中活動にも楽しく毎日		
総合的な援助の方針	医療機関や日中活動の事業所と連携しながら家族と一緒に暮らし		
長期目標	家族とともにできるだけ長く、健康に留意しながら安心して生活		
短期目標	2か月後に控えた卒業に向けて、環境の変化や日中活動の事業所		

優先順位	解決すべき課題（本人のニーズ）	支援目標	達成時期
1	早く新しい家に慣れ、ずっと家族と一緒に暮らしたい。	家族と仲よく暮らしていく。	3か月
2	**見直しポイント2** ▶ p.30 参照 楽しく日中活動に参加する。	早く「ふぁみりあ」に慣れ、楽しく日中活動に参加する（入浴、側彎防止等に関する身体状況の把握、訓練等含む）。	3か月
3	健康に気をつけて入院しない。	生活介護と医療機関の連携を図る。	6か月

区分6	相談支援事業者名	M相談支援センター
○○円	計画作成担当者	○○　○○

1か月ごと（○年○月〜○月） 6か月ごと（○年○月）	利用者同意署名欄	南野なぎさ　南野　洋（父）代筆　印

通えるようにしたい。

ていく。

していく。

に慣れ、健康に過ごす。

福祉サービス等 種類・内容・量（頻度・時間）	課題解決のための 本人の役割	評価 時期	その他留意事項
家族等緊急時の対応として △△医療センターの短期入所……5日／月 　（担当者：医療センター地域連携室・上野、TEL　　　）	笑顔で生活する。	1か月	祖父母とのかかわりも大事にしたい。困ったことなどは相談支援専門員や、日中活動の事業所のスタッフに遠慮なく相談する。福祉機器、住宅改修等の相談をする。
生活介護…月の日数−8日／月 　事業所名：△△医療センター通園ふぁみりあ 　（担当者：神田、TEL　　　）	新しいスタッフや雰囲気に早く慣れる。	3か月	送迎は家族で行うが、できないときには事前連絡で送迎も可能。
なぎささんの体調不良時 　△△医療センター 　（小児神経外科：中野医師、三鷹看護師、TEL　　　）	気持ちも身体も健康に過ごす。	3か月	

利用者及びその家族の生活に対する意向
（希望する生活）

見直し 前

利用者及びその家族の生活に対する意向（希望する生活）
新築した家で安心して暮らし、日中活動にも楽しく毎日通えるようにしたい。

ポイント解説

入浴などのケアを受けることが日中活動に行く目的となっているので、真の希望する生活になっていない。

解説

　医療的なケアが必要であることで日中活動の事業所が非常に少なかったことや、医師の勧めもあり通える場所が医療センター併設の事業所に両親も限定していたこと、体験の利用などで大きな問題がなかったことや週5日通える場所があったため、それ以外の選択肢について考慮しなかった点があります。
　また、家族が負担になっているという入浴の介助などについても解決できるため、本人の楽しみや日中活動の事業所以外の人のかかわりについて想いが至らない点がありました。

見直し 後

利用者及びその家族の生活に対する意向（希望する生活）

新築した家で家族と安心して暮らし、日中活動でも楽しく<u>やりがいや役割を感じられるような活動に参加したい</u>。

ポイント解説

ケアを受けるだけでなく、役割や利用者同士のかかわりを意識できるようにしたことで、質がアップした。

解説

　医療的ケアが必要な人は本人の意思が確認しづらく、医療や身体のケアを中心に考えたくなります。

　また、医療の必要な人はどうしても選択肢が限定されてしまいますが、そのなかでも本人の楽しめることや好きなことなどを家族やこれまでかかわってきた人たちから丁寧に聴き取ることが重要になってくると思われました。

　特別支援学校の先生の話から、たくさんの人が会話している場面や話しかけられたりする場面では表情がよくなるということや両親の「同世代の人とのかかわりもほしい」という声もあり、医療センター併設の事業所以外で受入れ可能であった別の事業所を紹介し、提案しました。

　体験利用のなかで本人の役割を感じられる出来事や地域に出かけて多くの人に声をかけられて表情がよくなるという場面が多くあり、事業所を2つ利用することで本人がより多くの刺激を受け、本人が活動に参加していることを実感できるような記載にしました。

解決すべき課題（本人のニーズ）

見直し 前

解決すべき課題（本人のニーズ）
楽しく日中活動に参加する。

ポイント解説

本人の要望が明確に示されていないので、誰にでも当てはまる、質の低い表現になっている。

解説

　なかなか意思表示の読み取りづらい人については、どうしても上記のような表現となりがちです。

　医療センター併設の事業所での体験利用では、入浴や静かに音楽を聴いたりする時間も表情よく過ごしていたとの話が聞けました。

　しかし、どうしても本人と同じようなコミュニケーションをとることが難しい状態の人が利用する事業所のため、仲間から声をかけられるという機会がなく、どちらかといえば受け身でプログラムに参加している状況での記載となっています。

　そこでもう一度本人のニーズに立ち返り、本人のよい表情が多くでるような日中活動を行っている事業所を探し、紹介して利用体験を勧めました。

見直し 後

解決すべき課題（本人のニーズ）

みんなから声をかけてもらい、会話のなかにも入りたい。

ポイント解説

本人への情報の伝え方に工夫（体験）を取り入れたことで、具体的な項目が加わった。

解説

　医療センター併設とは別の生活介護事業所での体験利用のなかで、地域の図書館やカフェで地域の人に声をかけてもらうことや、事業所のなかでも活動終了後に役割としてゴミ集めをするなどして利用者のみんなから感謝の言葉をかけてもらうことがあり、本人も何か伝えようと反応している姿が見られました。

　喜んでいる様子がうかがえたと同時に、本人にとってこのことが非常によい刺激になっているようでした。

　そのため、声をかけてもらうことや会話のなかに本人の存在があり、生き生きしている状況を見たことで具体的な記載としました。

 その他留意事項

見直し 前

その他留意事項
送迎は家族で行うが、できないときには事前連絡で送迎も可能。

イント解説

1つの事業所の利用を想定しているが、複数の事業所利用の視点をもつことで、利用者の生活の質が高まる可能性がある。

解説

　当初は医療や身体的なケアを中心に支援を組みましたが、利用予定だった生活介護事業所と、体験利用を勧めた別の生活介護事業所の2つを利用することで、より多くの人とふれあい、多くの変化が生まれ、生活の幅を広げられることが考えられます。

　また、本人のことを知る事業所が複数あることで、さまざまな視点から本人を観察して、情報を共有することにつながり、結果として支援の質が高まることが期待できます。

　さらに、事業所で同世代の仲間から声をかけられることにより、うれしい、悲しいといった感情や、時には腹立たしいなどの感情が湧くことで、本人の感性がより豊かになると考えられます。

　障害の重い人の場合には、医療や介護を受ける側という視点に立ちがちですが、人は多くの人とのふれあいのなかで成長していくという視点も大切になります。

見直し 後

その他留意事項

送迎は家族で行うが、できないときには事前連絡で送迎も可能。<u>連絡帳を通じて、事業所同士の情報交換を行ってください。</u>

ポイント解説

複数の事業所が連絡帳を介して情報共有することで、支援の質が高まる可能性が感じられる。

解説

　複数の事業所を利用する人については、事業所同士の情報共有を家族にも見てもらえるよう連絡帳などを活用します。

　とりわけ意思の表出が難しい人や医療的ケアなどが必要な人については、健康状態、発作などを含めた身体状態の引き継ぎ、活動の内容、表情についてなど、細やかな配慮の状況を記した記録があれば本人に対するよりよい支援にもつながりますし、それぞれの事業所がよりよい支援を行っていくためのヒントがたくさんあるように思います。相談支援専門員も含めて、共有する項目などをあらかじめ決めておいたり、状況に合わせて追加したりなどすることも必要となるでしょう。

　また、そういった関係性をつくり出すためにサービス担当者会議を活用し、お互いの顔が見える関係で事業所同士のやり取りができるよう、相談支援専門員が調整していくことが必要です。

見直し後 サービス等利用計画

サービス等利用計画

利用者氏名（児童氏名）	南野なぎさ　様	障害支援区分	
障害福祉サービス受給者証番号	○○○○○○○○○○	利用者負担上限額	
地域相談支援受給者証番号		通所受給者証番号	

計画作成日	○年○月○日	モニタリング期間 （開始年月）	

利用者及びその家族の生活に対する意向（希望する生活）	新築した家で家族と安心して暮らし、日中活動でも楽しく**やりが**
総合的な援助の方針	医療や日中活動の事業所と連携しながら家族と一緒に暮らしてい
長期目標	家族とともにできるだけ長く、健康に留意しながら安心して生活
短期目標	2か月後に控えた卒業に向けて、環境の変化や日中活動の事業所

優先順位	解決すべき課題 （本人のニーズ）	支援目標	達成時期
1	早く新しい家に慣れ、ずっと家族と一緒に暮らしたい。	家族と仲よく暮らしていく。	3か月
2	楽しく日中活動に参加する。**身体の状態を保ち、快適に過ごしたい。**	早く「ふぁみりあ」に慣れ、楽しく日中活動に参加する。	3か月
2	**みんなから声をかけてもらい、会話のなかにも入りたい。**	**活動や生活のなかで、役割をもって楽しく参加する。**	**3か月**
3	健康に気をつけて入院しない。	**健康管理に気をつける。**	6か月

区分6	相談支援事業者名	M相談支援センター
○○円	計画作成担当者	○○　○○

1か月ごと（○年○月〜○月） 6か月ごと（○年○月）	利用者同意署名欄	南野なぎさ　南野　洋（父）代筆　印

いや役割を感じられるような活動に参加したい。

く。

していく。

に慣れ、健康に過ごす。

福祉サービス等 種類・内容・量（頻度・時間）	課題解決のための 本人の役割	評価 時期	その他留意事項
家族等緊急時の対応として 　△△医療センターの短期入所……5日／月 　（担当者：医療センター地域連携室・上野、 　　TEL　　　　）	笑顔で生活する。	1か月	祖父母とのかかわりも大事にしたい。 困ったことなどは相談支援専門員や日中活動の事業所のスタッフに遠慮なく相談する。 福祉機器、住宅改修の相談をする。
生活介護…14日／月 　事業所名：△△医療センター通園ふぁみりあ 　　　　　　月・水・金 　（担当者：神田、TEL　　　　）	新しいスタッフや雰囲気に早く慣れる。	1か月	送迎は家族で行うが、できないときには事前連絡で送迎も可能。 連絡帳を通じて、事業所同士の情報交換を行ってください。
生活介護…9日／月 　事業所名：ふれんどりー 　　　　　　火・木 　（担当者：川崎、TEL　　　　）	声をかけられたら、できればにっこり笑う。	1か月	送迎は家族で行うが、できないときには事前連絡で送迎も可能。 連絡帳を通じて、事業所同士の情報交換を行ってください。
なぎささんの体調不良時 　△△医療センター 　（小児神経外科：中野医師、三鷹看護師、 　　TEL　　　　）	健康に過ごす。	3か月	

1部

2部

❷ アセスメントが難しい場合の計画作成

Case 2 ▶ アセスメントが難しい場合の計画作成

本人の言葉が出づらい
（高次脳機能障害や失語など）

事例概要

氏名・性別・年齢
氏名 愛知　太郎（男性）
年齢 43歳

障害等
脳出血（左被殻出血）
ブルンストロームステージ（Brs）：
　右下肢Ⅲ・右上肢Ⅱ、失語症、高次脳機能障害

家族構成
妻（40歳・パート就労）、長女（16歳・高校1年）、長男（13歳・中学1年）
C県在住（賃貸）。本人の両親はA県、妻の両親はC県にて健在

生活歴
　A県の小・中・高を卒業後、B県の工業大学に入学・卒業。地方（C県）の中堅家電メーカーへ就職。28歳で職場結婚、2人の子どもに恵まれる。
　営業職で課長。仕事の付き合いや出張も多く、帰宅は深夜になることもある。
　出張先のホテルで、朝起きてこないのを心配した同僚に発見され、救急病院へ搬送。その後、リハビリを含めて、地元C県の回復期病院に転院。入院しながらリハビリを実施。
　回復期病院の医療ソーシャルワーカー（MSW）より、「介護保険優先とされているが、まだまだ障害福祉サービスでできることがあるはず」と、よく知っている相談支援専門員に連絡が入る。
　発症から現時点で5か月が経過している。感覚性失語は中等度。移動は車いすが主。現在、T字＋短下肢装具で屋内外監視レベルにある。

情報の整理、ニーズの絞り込み・焦点化

● **本人や家族の焦りや心の葛藤**
・「治りたい」「元のようにしゃべれるようになりたい」という、本人の強い医療・治療への要望や依存が残っている場合があります。
・少しでも早く「在宅生活へ戻りたい」「元の仕事に戻らなくては」とも思っています。
・通じない言葉があり、意思疎通が思うようにできないことに、イライラ感や他罰的になることや、あきらめや喪失感、今の状態を受け止めきれていない場合もあります。
・家族としては、大きな不安を抱えつつも、現状ではそのまま自宅に戻ることや仕事に戻ることは難しいと考えています。妻は家庭と病院の往復、仕事や子どものことなどで、いっぱいいっぱいの状態かもしれません。

● **専門職のアセスメント情報を得る**
　本人・家族に了解を得て、積極的に関係機関や専門機関に連絡をとり、医療情報や二次アセスメント、病院等のカンファレンスへの参加やサービス等利用計画作成会議に医療機関に協力をお願いすることなどが大切です。また、こうしたケースは、医療リハビリテーションから社会リハビリテーションへの移行期でもあるため、サービス提供を実施しながらアセスメントを深め、支援者側だけでなく本人や家族も、現状や今後について段階を踏みながら状況を整理し認識を深め、計画を作成し継続的にモニタリングを実施します。
　相談支援の専門職として二次アセスメント等を活用し、本人・家族の焦りや葛藤などの内面を推測し、思いを受け止めて十分な配慮をしながら、さまざまな情報を加味しながら、今後についての選択肢・情報提供を丁寧にしていくなかで、総合的な支援の方針や中・長期目標を設定していく必要があります。

● **疾病、障害の受傷から相談までの経過期間とリハビリの実施状況が重要**
　多くの場合、発症から3か月～半年までの回復が大きく、半年～1年は、まだ改善の余地があります。疾病の状況等にもよりますが、1年半を超えてくると目にみえる改善は厳しく、日常生活のなかで長期につきあいながら少しずつの変化となります。

● **経済状況の確認**
　勤務していた場合、職場からの給与支給、休職期間、傷病手当等の確認、身体障害者手帳所持の有無や年金等収入等々の確認をします。

● **高次脳機能障害への配慮**
　失語症の重さによっては、アセスメントが難しい（本人の本当の気持ちがみえにくい）場合があり、さらには高次脳機能障害が潜んでいたりします。二次アセスメントとして訓練経過の評価表の作成を依頼したり、他部門・他機関との連携を強化したりします。

見直し前 サービス等利用計画

サービス等利用計画

利用者氏名（児童氏名）	愛知　太郎　様	障害支援区分	
障害福祉サービス受給者証番号	○○○○○○○○○○	利用者負担上限額	
地域相談支援受給者証番号		通所受給者証番号	

計画作成日	○年○月○日	モニタリング期間 （開始年月）	

利用者及びその家族の生活に対する意向（希望する生活）	少しでも、会話ができるようになって、早く、仕事に戻りたい。まずは、身の回りのことを自分でできるようにしてほしい。可能
総合的な援助の方針	会話力の向上と、身の回りのことを自分でできるようにして、復
長期目標	在宅から、元の仕事に戻れるようになる。
短期目標	失語症のリハビリを実施し、話す力をつける。 身の回りや、移動の力をつける。

優先順位	解決すべき課題 （本人のニーズ）	支援目標	達成時期
1	コミュニケーション能力の向上 **見直しポイント2** ▶ p.42 参照	失語症について、可能な範囲での改善および代償手段の模索と獲得のための支援をします。	12か月
2	生活面における身の回りの自立	入浴や洗体などを含め、日常生活や社会生活場面での自立に向けた支援を実施します。	3か月
3	移動能力の向上	車いす操作は駆動も移乗も概ね自立をしているため、杖や装具での歩行を練習していきます。	3か月
4	作業性・耐久性の向上	入院生活も長くなり、復職の可能性も含め、毎日のスケジュール（時間割）を立てて活動し、耐久性や作業の能力向上のための支援をします。	3か月
5	健康な生活習慣の獲得	他の病気の既往歴もあるため、薬の飲み忘れがないよう自己管理と生活習慣に気をつけるよう支援します。また、食事提供において日々のカロリーや塩分など食事コントロールをしていきます。	3か月
6	在宅での環境整備	在宅生活の際、右片麻痺でも安心し安全な生活が可能なように、本人の状況に応じた住宅改修等、環境整備を支援します。	6か月

区分3	相談支援事業者名	Y相談支援センター
○○円	計画作成担当者	○○　○○

当初1か月 （○年○月）	利用者同意署名欄	愛知　太郎（代筆：妻）　　　　　　印

（本人）
であれば復職してほしい。（妻）

職を目指します。  p.40 参照

福祉サービス等 種類・内容・量（頻度・時間）	課題解決のための 本人の役割	評価 時期	その他留意事項
施設入所支援 自立訓練（機能訓練）（週5回） →ST（週2回程度）および生活場面で 　の会話や書字、ドリル等	毎日、継続的に訓練を頑張る。 積極的に話しかける。 宿題・自習・ドリルをする。	3か月	見直しポイント4 ▶ p.46 参照 長期にわたるため、家族の支援が必要です。
施設入所支援 自立訓練（機能訓練）（週5回） →PT（週3回程度）および生活場面で 　の練習	見直しポイント3 ▶ p.44 参照 当面は指示に従う。	1か月	
施設入所支援 自立訓練（機能訓練）（週5回） →PT（週3回程度）および生活場面で 　の練習（上記と合わせて）	杖歩行は要監視のため当面は指示に従う。	1か月	
施設入所支援 自立訓練（機能訓練）（週5回） →OT（週2回程度）、作業活動等	無理せず、毎日の時間割に参加する。	1か月	
施設入所支援 自立訓練（機能訓練）（週5回） →Nrs.、管理栄養士、生活支援員と食 　事や日常生活内での対応	食事制限を継続する。 間食、飲酒、喫煙をしない。 体重維持。	1か月	
計画相談支援（相談支援専門員） 障害者支援施設（生活支援員、PT、OT） 障害福祉担当課 介護保険担当課	住宅改修の話し合いの場に参加する。	3か月	

見直しポイント 1

総合的な援助の方針

見直し 前

総合的な援助の方針

会話力の向上と、身の回りのことをできるようにして、復職を目指します。

ポイント解説

本人や家族の現段階の言葉が、そのまま断定的に援助の方針とされている。こうした、まだ伸びしろの考えられる事例について、本人の障害等の状況がどのような経過をたどり、今後の回復の可能性や環境設定での対応の見込みなど、相談支援専門員が専門職等からアドバイスをもらう。本人・家族の想いを崩さずに、まずはどのあたりのゴール設定を考えたらいいのか、もう少し現実的な部分の段階まで落とし込んで記載内容を考える。

解説

　本人・家族の想いを受け止めることはとても大切なことです。しかしながら、これから病院を退院し、生活を立て直していく段階です。まずは、中途での障害による、本人・家族の焦りや不安を受け止め、一緒にこれからを考えていく整理をしていくことが大切な時期になります。

　大きな目標ではあるものの、現実的に残りうる障害の程度も現段階ではみえておらず、本人の失語症のことも含め、初回のサービス等利用計画作成の段階では、アセスメントや意思疎通が十分でないこともありますので、大上段の目標設定とせず、少しブレークダウンをし、これからの状況をふまえ、見直しを前提とした記載をしてみましょう。

見直し 後

総合的な援助の方針

自宅での安定した日常生活や楽しみを含めた社会生活ができるよう支援し、復職を目指した就労支援につなげます。
病院のリハビリから生活のなかでのリハビリに移行していくなかで、生活場面において自分自身の体の動きや言葉の回復の可能性を伸ばしつつ環境を整え、これからの在宅生活や社会参加（復職等）に向け、その準備をしていきます。
今後の回復の状況もふまえながら、これからの生活スタイルや仕事等に向けて一緒に考え整理をします。半年を一つの目途とします。

ポイント解説

病院から生活の場へステージが移ること、本人の可能性を信じ（つつも回復依存から次へ）、伸ばせるところは伸ばして生活や仕事に向けた準備の段階としていくことを押さえる。また、回復の伸びが一定程度みえてくる半年後（発症から1年後）を目途にして、これからのことを考えてもらえるような記載となっている。

解説

　病院での医療的なリハビリテーションは、脳血管疾患リハビリテーション料（診療報酬）では180日という一つの区切りがあります。また、いつまでも医療（治すこと）にしがみついて、先へ進まなくならないような配慮もしなければいけません。生活場面に目を向け、障害福祉サービスの機能訓練を軸に、そのなかでできることを伸ばしていくこと、焦らずに次に向けた準備をしていくこと、そして、その一つの期間の目途を提示しています。
　また、自分たちだけで悩み、抱え込まないよう相談支援専門員も一緒に考えることを意識して記載しています。
　相談支援専門員が現時点でとりうるアセスメントを深めること（情報収集やアドバイス等）、本人・家族の想いを受け止めた記載方法を工夫すること、いくつかの将来像のイメージをもつことを通じ、ブレークダウンした内容を丁寧に記載します。
　長期目標や短期目標は、それらをふまえて少し具体化しています。

解決すべき課題（本人のニーズ）

見直し前

解決すべき課題（本人のニーズ）
コミュニケーション能力の向上

ポイント解説

このケースのポイントである「本人の言葉が出づらい（高次脳機能障害や失語など）」とするアセスメントが難しい場合の計画作成を具体的にどう記載するか。
事前に情報収集ができていない場合について、相談支援専門員は言語聴覚士（ST）などの専門職に評価（アセスメント）やアドバイスを受け、本人の状況を適切につかむ必要がある。

解説

　今回、「サービス等利用計画」を丁寧に書いていますが、本人は実際にどこまでこの計画について理解してくれているのでしょうか？
　初期の段階、お互いが十分に聴き取れないなかでの計画は、本人・家族の大きな意向をふまえることはできても、細部についてまでは、本人自身から聴き取るのは難しく、その大きな意向の目標を達成していくために、本人が困っている（困っているであろう）ことについて記載することにもなります。そこには、言語聴覚士（ST）の専門的なアセスメントやアドバイスは欠かせません。
　現在の失語の程度、理解度等がみえてきます。少し調べてわからないことは、よく知っている人や、先輩などにも聞いてみましょう。
　私たちが、医療関係者と連携を進め、会議等を行うためには、医療関係の用語も学ぶ必要があります。ケア会議や事例検討等を含め研修等を受けることも必要です（逆も同じ）。

見直し 後

解決すべき課題（本人のニーズ）

コミュニケーション能力の向上
もう少しうまくしゃべれるようになりたい。（本人・家族用）／会話の向上（本人用）

ポイント解説

言語聴覚士（ST）のアセスメント（評価表）や、アドバイス（以下の解説に記載）のなかで、ひらがなより漢字、文章より単語が理解されやすいことがわかった。また、聴理解や継時命令の理解度がみえている。計画すべてを短い漢字の単語で表してみた。

解説

　STの評価表に以下の記載がありました。2か月前と現在（退院前）が比較されています。

- WAB失語症検査：失語指数（AQ）41.8 → 55 感覚性失語（中等度）
- 聴 理 解：単語 30 → 43／60 身近なものは改善するも、図形、仮名文字、色、指・左右は依然不良。
- 継時命令：22 → 20／80 1命令から誤ることあり。
- 復　　唱：33 → 40／100 単語レベルの誤りは消失。文レベルは不良。
　　　　　　聴覚的短期記銘力↓
- 呼　　称：物品呼称 43 → 47／60 保続は減少したが後半で出現。意味性錯誤残存。
　　　　　　灰皿→ライター、洗濯ばさみ→洗濯機、鉛筆→たけ
- 語 想 起：3 → 6個／1分 重複想起あり。短期記銘力・ワーキングメモリ↓
- 文章完成：2 → 6／10 会話応答 1 → 2／10 理解のレベルで誤ることが多い。
- 読　　み：文字単語と物品の対応 漢字 3 → 3／3、仮名 1.5 → 3／3
　　　　　　文章の理解 0 → 18／40、命令文 音読 3.2 → 5.3／10、遂行 8.5 → 9／10
- 書　　字：住所 0.5 → 1.5／2　区名の錯誤は消失。番地想起は不可。
　　　　　　情景画説明 1 → 5／32　新造語消失。漢字1文字で5語表出可に。男、女、犬、木、本。
　　　　　　数1〜20 9 → 10／10 保続があり何度も修正がみられるが最終的に可能。

　今回は、少し大胆に見直したサービス等利用計画❷（本人用簡易版）を用意しました（50・51頁参照）。これは、通常のサービス等利用計画に＋αとして、本人が少しでも理解しやすいように、同じ内容を簡易に記載しなおした計画です。ふりがなをつけた計画も時々みられますが、今回のように両方を一緒に渡すという工夫も、状況によっては有効です。

課題解決のための本人の役割

見直し 前

課題解決のための本人の役割
毎日、継続的に訓練を頑張る。 積極的に話しかける。 宿題・自習・ドリルをする。

ポイント解説

本人の役割のみが記載され、頑張らせようとしている。本人は、きっと、これまでもずっと頑張ってきている。
相談支援専門員は、相手のおかれている現状や本人の言葉が伝わらないもどかしさやイライラを含め気持ちを理解し、丁寧な相談支援や対応を心がける。少しでも早く信頼関係を築くことができるようなかかわりを意識し実践する。

解説

　課題解決のための本人の役割が、本人の継続的な頑張りのみを期待しているように受け取られてしまいます。みなさんなら、どのように記載されていたら、毎日、継続的に頑張ることができるでしょうか？　何のためなら、そしてどのような言葉ならうれしいでしょう。
　大切な家族がいる。自分のことを少しでも理解して支援してくれる人がいる。そして、少しでも成果がみえて前に進んでいる。ほめられる、期待される、一人で背負わせない……、さまざまな言葉、言葉の力、言葉の魔力。少し考えてみましょう。これは、家族にとっても同じです。

見直し 後

課題解決のための本人の役割

失語症のリハビリは時間がかかるもの。なかなかうまく言葉が出ずにイライラしてしまうかもしれないが、少しずつよくなっている。言葉の練習や読み書き、宿題など、少しずつ継続していく。

ポイント解説

本人の現状を理解し、無理をせずに必要な役割をもってもらう。

解説

　本人の現状を理解し、焦りや不安、つらい状況などをしっかり受け止めたうえで、エンパワメントしながら、長期にわたって付き合っていかなければならない現実が待つなか、あきらめずに継続していくことを役割としています。

　押さえるべきところや本人に実施してほしいこと、約束ごと、継続することなどを記載します。サービスにお任せするのではなく、この先に進んでいくための内容を、優しく強く記載します。

　その他、この見直し「後」計画❶（本人・家族用）の6つの課題すべての「課題解決のための本人の役割」には、同様の意味をもたせた記載としています。これは、本人・家族の「いま」の段階、状況に応じています。

　計画の根底にあるのは、「無理をしすぎないこと、焦らないこと」です。病院から退院すると、生活が変化します。それにより、脳が活性化され無理をしすぎると、てんかん等発作が出現することがあります。

　また、移動面などは焦ることにより無理をしてしまうと、現状では転倒や骨折の可能性があります。病院に逆戻りになってしまうと、今、一番必要なサービスを受けることができなくなってしまいます。

その他留意事項

見直し前

その他留意事項
長期にわたるため、家族の支援が必要です。

ポイント解説

家族にとっては、「記載事項の趣旨はわかるけど……」という思いになる。
相談支援専門員は、本人・家族に対して、時間がかかっても焦らないことを伝えると同時に、ロールモデルとなるような人たちとの接点をうまくつくり、働きかけることなどが必要である。

解説

　いろいろなサービス等利用計画をみてみると、「その他の留意事項」への記載がなく、空白が目立つことがあります。簡潔に、わかりやすい記載は重要ですが、その場合には、丁寧な説明をして、言葉で補うことが必要です。
　今回の設定は、病院から退院してくる段階での、初回のサービス等利用計画です。私たちが、本人・家族にいろいろ問いかけてアセスメントを実施するように、本人・家族は、あなたを信頼に足る人か、優しい人か、冷たい人か、値踏みをします。
　本人・家族・支援者に、留意してほしいこと、伝えておきたいことなどを記載し、そのうえで、説明で補いましょう。

見直し 後

その他留意事項

失語症等については、長い時間をかけて付き合う必要があります。
家族のみなさんも一緒に支えていただけるようご協力をお願いします。

ポイント解説

失語症は長く（一生上手に）つき合っていく必要があるものだということを理解してもらう。そして、家族としてのかかわりや役割をお願いし、本人を支えてもらえるようにする。

解説

　入院や入所などの期間が長くなると、本人がいない状態での生活が普通（恒常化）になってしまったり、元々の家族の状況によっては本人の居場所がなくなってしまうなどの変化が起きることがあります。

　また、どうしてもうまく意思疎通ができないことにより、双方がイライラしてしまったり、子どもが離れがちになったりすることもあるでしょう。

　家族一人ひとりに失語症の理解を促し、役割をもってもらうなどして、背負い込みや抱え込みを防ぎながらも、本人を支え続けていくことができるような働きかけも重要です。

　本人に積極的に話しかけてもらい、本人からの会話を遮らず、焦らずに、待つこと。時には、家族（お子さんたち）も一緒に訓練や行事などに参加してもらうことなどは、本人・家族双方にとって、とても大切なことです。そのような、本人、家族、支援者にワンポイントで押さえてもらいたいことなどを記載します。

　また、次のステップ（サービス等利用計画の見直し）では、家族のみではなく、いろいろな利用者とのかかわりやグループワーク、外部の失語症友の会や会話パートナーの集まりなど、家族や関係者とだけに限定されない広がりをもたせられるとよいでしょう。

　「その他の留意事項」には、家族の役割に加えて、計画内容での意味なども盛り込めるとよいでしょう。

見直し 後 ▶ サービス等利用計画❶（本人・家族用）

サービス等利用計画

利用者氏名（児童氏名）	愛知　太郎　様	障害支援区分	
障害福祉サービス受給者証番号	○○○○○○○○○	利用者負担上限額	
地域相談支援受給者証番号		通所受給者証番号	

計画作成日	○年○月○日	モニタリング期間 （開始年月）	

利用者及びその家族の生活に対する意向（希望する生活）	少しでも、会話ができるようになって、早く、仕事に戻りたい。 まずは、身の回りのことをできるようにしてほしい。可能であれ
総合的な援助の方針	自宅での安定した日常生活や楽しみを含めた社会生活ができるよ 病院のリハビリから生活のなかでのリハビリに移行していくなか 在宅生活や社会参加（復職等）に向け、その準備をしていきます。 今後の回復の状況もふまえながら、これからの生活スタイルや仕
長期目標	自宅での安定した日常生活および楽しみを含めた社会生活が送れ 復職を第1目標としながら、必要な障害福祉サービス等を受けな
短期目標	現段階での、生活上の困りごとを整理し、外泊等が安心して実施 失語症によるコミュニケーションの困難な部分について ST による

優先順位	解決すべき課題 （本人のニーズ）	支援目標	達成時期
1	コミュニケーション能力の向上 もう少しうまくしゃべれるようになりたい。	失語症について、可能な範囲での改善および代償手段の模索と獲得のための支援をします。	12か月
2	生活面における身の回りの自立 身の回りのことを、もう少しできるようにしたい。	入浴や洗体などを含め、日常生活や社会生活場面での自立に向けた支援を実施します。	3か月
3	移動能力の向上 安全に歩く力をつけたい。	車いす操作は駆動も移乗も概ね自立をしているため、杖や装具での歩行を練習していきます。	3か月
4	作業性・耐久性の向上 仕事に向けて作業能力や体力をつけたい。	入院生活も長くなり、復職の可能性も含め、毎日のスケジュール（時間割）を立てて活動し、耐久性や作業の能力向上のための支援をします。	3か月
5	健康な生活習慣の獲得 再発しないようにしたい。	他の病気の既往歴もあるため、薬の飲み忘れがないよう自己管理と生活習慣に気をつけるよう支援します。また、食事提供において日々のカロリーや塩分など食事コントロールをしていきます。	3か月
6	在宅での環境整備 自宅での生活を苦なく安心して送りたい。	在宅生活の際、右片麻痺でも安心し安全な生活が可能なように、本人の状況に応じた住宅改修等、環境整備を支援します。	6か月

区分3	相談支援事業者名	Y相談支援センター
○○円	計画作成担当者	○○　○○

当初1か月 （○年○月）	利用者同意署名欄	愛知　太郎（代筆：妻）　　　　　印

(本人)
ば復職してほしい。（妻）

う支援し、復職を目指した就労支援につなげます。
で、生活場面において自分自身の体の動きや言葉の回復の可能性を伸ばしつつ環境を整え、これからの

事等に向けて一緒に考え整理をします。半年を一つの目途とします。

るようにする。
がら、これからの状況をふまえて検討していく。

できるようにする。
訓練を受け、生活場面で積極的に活用していく。

福祉サービス等 種類・内容・量（頻度・時間）	課題解決のための 本人の役割	評価 時期	その他留意事項
施設入所支援 自立訓練（機能訓練）（週5回） → ST（週2回程度）および生活場面での会話や書字、ドリル等	失語症のリハビリは時間がかかるもの。なかなかうまく言葉が出ずにイライラしてしまうかもしれないが、少しずつよくなっている。言葉の練習や読み書き、宿題など、少しずつ継続していく。	3か月	失語症等については、長い時間をかけて付き合う必要があります。家族のみなさんも一緒に支えていただけるようご協力をお願いします。
施設入所支援 自立訓練（機能訓練）（週5回） → PT（週3回程度）および生活場面での練習	無理をせず、PTの先生たちの指示に従いながら、実施していく。	1か月	随時、便利な道具等を紹介します。環境設定等工夫をします。
施設入所支援 自立訓練（機能訓練）（週5回） → PT（週3回程度）および生活場面での練習（上記と合わせて）	同上 焦らず、安全に、転倒に注意をし、距離を伸ばしていく。 杖歩行は付き添いつき。	1か月	無理は禁物です。
施設入所支援 自立訓練（機能訓練）（週5回） → OT（週2回程度）、作業活動等	作業活動や1日の時間割を通じて得意なことや苦手になったことを把握する。 体力をつけるが、体調不良時は、無理せず申し出る。	1か月	病院生活から、復職等に向けて仕事や作業を無理なく続けられるように毎日スケジュールを実施していきます。
施設入所支援 自立訓練（機能訓練）（週5回） → Nrs.、管理栄養士、生活支援員と食事や日常生活内での対応	減塩食等制限食を継続する。 間食等はできるだけ控え、飲酒、喫煙は厳禁を守る。 入院中に減少した体重を維持する。	1か月	再発防止に向けて、自分でできることを継続します。 家族にも協力してもらいましょう。
計画相談支援（相談支援専門員） 障害者支援施設（生活支援員、PT、OT） 障害福祉担当課 介護保険担当課	少し様子をみて、必要な改修等について家族と話し合う。	3か月	賃貸住宅でもあり、大家さんとの調整や理解が必要となります。

見直し 後 サービス等利用計画❷（本人用簡易版）

サービス等利用計画

利用者氏名（児童氏名）	愛知　太郎　様	障害支援区分	
障害福祉サービス受給者証番号	○○○○○○○○○○	利用者負担上限額	
地域相談支援受給者証番号		通所受給者証番号	
計画作成日	○年○月○日	モニタリング期間（開始年月）	
利用者及びその家族の生活に対する意向（希望する生活）	会話・復職・希望（本人） 身の回り、生活できるように→可能なら復職（妻）		
総合的な援助の方針	将来の準備 半年後、見直し		
	長期目標	自宅で生活 復職目指す	
	短期目標	生活、困難、整理。　　安心して外泊 言葉↑	

優先順位	解決すべき課題（本人のニーズ）	支援目標	達成時期
1	会話の向上	言葉・読み書き 練習	12か月
2	生活能力向上	風呂・日常生活練習	3か月
3	移動能力向上	車いす→歩行練習	3か月
4	体力向上 作業力向上	毎日 日中活動継続	3か月
5	再発予防 食事制限	薬飲む 食事制限	3か月
6	環境整備	住宅改修等	6か月

区分3	相談支援事業者名	Y相談支援センター
○○円	計画作成担当者	○○　○○
当初1か月 （○年○月）	利用者同意署名欄	愛知　太郎（代筆：妻）　　　　印

福祉サービス等 種類・内容・量（頻度・時間）	課題解決のための 本人の役割	評価 時期	その他留意事項
施設入所支援 自立訓練（機能訓練）（週5回） →言語療法、生活場面	無理× 長く継続 宿題	3か月	家族も一緒に
施設入所支援 自立訓練（機能訓練）（週5回） →理学療法、生活場面	無理× 理学療法士の指示等	1か月	道具の工夫
施設入所支援 自立訓練（機能訓練）（週5回） →理学療法、生活場面	無理× 安全・転倒注意 理学療法士の指示	1か月	安全に
施設入所支援 自立訓練（機能訓練）（週5回） →作業療法、作業活動	無理× 作業活動継続 作業療法士の指示	1か月	毎日の時間割 実施
施設入所支援 自立訓練（機能訓練）（週5回） →看護師等	減塩食継続 間食× 酒・喫煙×× 体重維持	1か月	自己努力
計画相談支援（相談支援専門員） 障害者支援施設（生活支援員、理学療法士・作業療法士） 障害福祉担当課、介護保険担当課	住宅改修等	3か月	大家さんの理解

Case 3　2 アセスメントが難しい場合の計画作成

本人に気分や意欲の減退がみられる

事例概要

氏名・性別・年齢
氏名　岩沼　将大（男性）
年齢　36歳

障害等
統合失調症
知的の遅れの疑いがある。

家族構成
一人暮らし
実家に父と母がおり、月1～2回、帰省して実家で過ごしている。

生活歴
　〇〇町で出生。3歳児健診までに特に異常の指摘はなく、幼少児期も発達上の問題は特に認められずに生活していた。地元の小・中学校を卒業し、高校進学するも中退する。退学後は実家で過ごしていたが、その後県外に行き就職した。しかし、長続きはせず、職を転々としながら生活を送っていた。
　24歳のときに結婚するが、本人の暴力が原因で3年後に離婚した。離婚を機に実家に戻り、その後、再び県外に行き職に就くも、周囲からの疎外感や幻覚、妄想が出現し、本人も精神変調を自覚し、クリニックを受診したが通院は継続しなかった。
　32歳のとき、飲酒したところ酩酊状態となり、「人が自分を追いかけてきている」と確信し見知らぬ男性を複数回殴った。鑑定入院を経て、心神喪失等の状態で重大な他害行為を行った者の医療及び観察等に関する法律（医療観察法）での入院となる。入院治療の過程では、他患者との交流もみられ、身の回りの生活動作（掃除、洗濯など）も行っていた。治療プログラムにも積極的に取り組み、病気の理解と治療の必要性を深めた。
　その後、外出や外泊訓練を繰り返し行い、精神症状の悪化や逸脱行動はなく取り組むことができたことから、地元に近い地域に転居し、新たな環境のもとでの生活を総合的に構築していくこととなった。

情報の整理、ニーズの絞り込み・焦点化

　退院前から複数回にわたり、本人、父、母、保護観察所の社会復帰調整官、医療関係者、行政を交えて地域生活移行に向けたケース会議を行った。これまでの生活歴を確認し、本人を知るための作業やこれから地域に移り一人暮らしになることに向けて取り組むべき課題、本人の希望や不安なことなど、一つひとつの課題に対して誰が支援を行っていくのかなど、本人や父、母、支援者にとっても具体的にわかるように検討していった。

　本人からは、「これからの生活に不安があるけど頑張っていかないといけないと思う」「仕事をしないといけないと思うけど、自分に何ができるのかがわからないし自信もない」「あまり好きなことがないけど、ゲーム、雑誌、DVDを見ることはあるが、途中で止めてしまう」といったように、後ろ向きな表出が多い。課題である「やる気が起こらない」「自信がない」「人から言われることがよくわからないことがある」との本人の思いを汲み取りながら、今後の支援の展開に向けた本人を知るための情報の整理を行う。

　本人も自覚しているように生活意欲が湧かない現状と、一方で「仕事をしないといけないと思う」といった社会通念上の暮らしのあり方を真摯にとらえている本人の真面目さに着目して、これからアパートでの単身生活を送るうえでの生活課題の整理、医療ケアや就労活動などの日中活動への参加の環境づくり、楽しみとしての余暇時間の過ごし方や、今後やってみたいことの希望を課題抽出し、必要な支援を提案することとした。

（1）生活の場面では、
- 「掃除、洗濯はできるけど、調理はどんな材料を買ったらよいのかわからない、何をつくったらよいのかがわからない」
- 「お金があると使ってしまう怖さがある」

（2）就労の場面では、
- 「今までいろいろな仕事をしてきたけどもう何年もしていないので、自分に何ができるかがわからない。仕事をしないといけないと思うけど意欲が湧かない」

（3）健康面では、
- 「いろいろなことを考えると調子が悪くなる」

といった本人から表明された課題に対して、居宅介護、日常生活自立支援事業、福祉的就労の利用など、何らかの支援の必要性をとらえながら、各サービスの説明とともに、特に本人が不安に感じている就労活動については、いくつかの就労サービス事業所の見学を行い、本人が作業活動の様子をみたり、体験利用をしたりする機会をもつことで、活動意欲につなげる支援への取組みが必要である。

　本人にとって複数の支援を利用することは、多くの支援者が介入することになり、人とのかかわりのなかでのストレスにつながることにもなる。必要な支援の利用とともに、本人にとって実効性のある支援の導入を、本人とその後も面談をもちながら一緒に検討し、実行していく必要がある。

見直し前 サービス等利用計画

サービス等利用計画

利用者氏名（児童氏名）	岩沼　将大　様	障害支援区分	
障害福祉サービス受給者証番号	○○○○○○○○○○	利用者負担上限額	
地域相談支援受給者証番号		通所受給者証番号	
計画作成日	○年○月○日	モニタリング期間 （開始年月）	
利用者及びその家族の生活に対する意向（希望する生活）		ヘルパーさんに手伝ってもらいたい。 仕事をしないといけないと思うが、自分に何ができるのかがわか これからの生活に不安がある。	
総合的な援助の方針		食生活面の充実と、就労活動への意欲を大事に取り組んでいくこ	
	長期目標	就労継続支援Ｂ型事業所の見学や、その後の体験利用を行うなど	
	短期目標	ホームヘルパーの支援で、食材選びや調理を一緒に行いながら少	

優先順位	解決すべき課題 （本人のニーズ）	支援目標	達成時期
1	ヘルパーさんに調理を手伝ってもらいたい。	ヘルパーとのかかわりのなかから、食生活の力をつけていく。	3か月
2	仕事がしたい。けれど自信がない。	就労継続支援Ｂ型事業所の見学や、体験利用を行うなどして、緩やかに就労活動に入ることで自信につなげていく。	3か月
3	考えごとをすると調子が悪くなる。	医療面の環境を今後も大事に、無理のない生活環境を維持していく。	3か月
4	お金を稼いでいないので心配。	生活保護を受給し、経済面を安定させて暮らしの不安感をなくしていく。 また、お金の使い方の不安に対しての支援を受けることで、安心な暮らしにつなげる。	3か月

見直しポイント 3　p.60 参照

区分2	相談支援事業者名	A相談支援センター
○○円	計画作成担当者	○○　○○

3か月ごと（○年○月）	利用者同意署名欄	岩沼　将大　　　　　　　　㊞

らないし自信もない。　 直しポイント 1 ▶ p.56 参照

とで、生活意欲の高まりにもつながっていくよう支援していく。　直しポイント 2 ▶ p.58 参照

し、緩やかに就労活動に入ることで自信につなげていく。

しずつ覚えていく。

福祉サービス等 種類・内容・量（頻度・時間）	課題解決のための 本人の役割	評価 時期	その他留意事項
居宅介護（家事援助） 　5.0時間／月（1回あたり1.0時間） 　買い物に同行しての食材選び、調理（調理の仕方を覚える）	ヘルパーとのかかわりを通じて食生活の力をつけていく。	6か月	
※検討事項 （就労継続支援B型事業の利用検討、15日／月程度）	見学や体験利用などを通じて、就労活動への意欲につなげていく。	6か月	
定期通院　1回／週 デイケア　3回／週 訪問看護　1回／2週	いつでもクリニックの先生やデイケアのスタッフに相談できる環境を大事にしていく。	6か月	直しポイント 4 ▶ p.62 参照
生活保護 　給付管理 日常生活自立支援事業 　金銭管理にかかる援助	安定した生活を長く維持していけるよう、お金の管理や使い方を心がけていく。	6か月	

利用者及びその家族の生活に対する意向
（希望する生活）

見直し　前

利用者及びその家族の生活に対する意向（希望する生活）

ヘルパーさんに手伝ってもらいたい。
仕事をしないといけないと思うが、自分に何ができるのかがわからないし自信もない。
これからの生活に不安がある。

ポイント解説

ヘルパーに何を支援してほしいのか、なぜ仕事をしないといけないのかの具体的な意向が記載されていない。

解説

　「こうやって生活したい」「こんなことをやってみたい」という本人が希望する生活の全体像を記載します。本人の困り感を共有し、本人の言葉や表現を使い、前向きな表現で記載します。「安心・安全な生活を」といった抽象的な表現は避けましょう。また、家族の意向を記載する場合、本人の意向と明確に分けること、内容的に家族の意向に偏った記載とならないようにしましょう。
　上記のように、「ヘルパーさんに手伝ってもらいたい」という希望がある場合には、居宅介護サービスを受けることでどのような生活のかたちになることを希望しているのか、「これからの生活に不安がある」という場合も、例えば生活のどの場面に不安があるのかといったことを本人の言葉で具体的に表現しましょう。

見直し 後

利用者及びその家族の生活に対する意向（希望する生活）

ヘルパーさんに手伝ってもらい、食材選びや、メニューを教えてもらいたい。
仕事をしないといけないと思うが、自分に何ができるのかがわからないし自信もない。
収入がなく、いろいろなことを考えると調子が悪くなるので、これからの生活に不安がある。

ポイント解説

ヘルパーに対する具体的な支援ニーズ、また、就労希望に対する動機が記載され、より具体的になった。

解説

　居宅介護サービスを受けるための本人の具体的な目標が記載されています。本人ができる掃除、洗濯の支援ではなく、不安な部分のうち、どのような料理をつくったらよいのか、その料理をつくるためにはどのような食材を買ったらよいのかといったことを覚えたいという具体的な目標につながっていきます。
　また、生活をするうえでの収入面と心身の健康維持への不安を抱いていることが記載されています。「生活に不安」と記載すると漠然としたとらえ方となってしまいますので、どの部分に不安を感じているのかを明らかにする記述が大切です。

総合的な援助の方針

見直し前

総合的な援助の方針
食生活面の充実と、就労活動への意欲を大事に取り組んでいくことで、生活意欲の高まりにもつながっていくよう支援していく。

ポイント解説

「食生活面の充実」「生活意欲の高まり」のための具体的な取り組みが記載されておらず、表現が抽象的である。

解説

　「総合的な援助の方針」はアセスメントにより抽出された課題をふまえ、「利用者及びその家族の生活に対する意向（希望する生活）」を相談支援専門員の立場からとらえ直したもので、計画作成の指針になるものです。支援にかかわる関係機関・関係者に共通の、最終的に到達する支援方向性を示すものとして記載します。

　上記については、食生活面の課題に対して充実を図る方法（自己努力なのか、支援なのかなど）、また就労に対する本人の思いを支援する側としてどう支えていくのかを、支援者の共通理解につながるよう記述します。

見直し 後

総合的な援助の方針

食生活面の支援による学びと、就労活動への不安に対して体験利用していくなどの取組みを行うことで、生活意欲の高まりにつながっていくよう支援していく。

ポイント解説

具体的に何を支援するのかを明らかにし、本人が見てわかる記述を加え、方針を明確にした。

解説

　新たな環境での暮らしに移るうえで、本人が不安感を示している食生活面と就労活動について、具体的に記述しています。

　食生活面では、本人が苦手と感じている献立を決めることや、そのために必要な買い物への支援を通じて学びにつなげていくこと、就労面では、仕事のブランクに対しての不安感や、活動しなければいけないと思っている本人の思いに対して体験的支援を行っていくことで、食生活面の苦手な部分への補完と、就労活動に向かうための不安解消につなげ、本人の思いに寄り添い、支援者も理解していくための柱として示していく記述が大切です。

支援目標

見直し前

支援目標
就労継続支援B型事業所の見学や、体験利用を行うなどして、緩やかに就労活動に入ることで自信につなげていく。

イント解説

おおむね3か月後の目標となる支援目標としては、就労支援のための取組みは明確だが、その後の就労活動に入るための具体的記述がなく、目標設定が曖昧な記述になっている。

解説

「利用者及びその家族の生活に対する意向（希望する生活）」を相談支援専門員の立場からとらえ直して、支援にかかわる側からの目標として記述します。長期目標、短期目標から、さらに細分化した内容で設定していきます。

本人は「今までいろいろな仕事をしてきたけどもう何年もしていないので、自分に何ができるかがわからない。仕事をしないといけないと思うけど意欲が湧かない」との思いを抱いているなかで、事業所の見学やその後の体験利用を行うことは具体的ですが、その後につながる目標記述が曖昧だと支援目標が全体的にわかりづらくなります。

この場合、就労活動に入る時期（「〇か月後」「秋頃」といったように）を記述することで目標が明確になります。

見直し 後

支援目標

就労継続支援 B 型事業所の見学や、体験利用を行うなどして、<u>適職を探して、就労活動を通じて</u><u>自信</u>につなげていく。

ポイント解説

目標が就労活動につながることを明確にして、具体的に記述することで、本人が取り組むことを明確にしている。

解説

　就労から離れている期間が長いことなどから自信がもてなくなっており、また、就労しないといけないとの思いがある一方で、意欲が湧いてこないこととのギャップを感じている本人にとって、「就労活動につながる」ための取組みとなる明確な支援目標を記述します。

　具体的に記述することで、迷いを感じている本人の背中を押してあげること、見学や体験利用を行い適切な就労活動の場を探していくことを、支援目標で示すことで、本人と支援の展開を確認していきます。

　取り組むことを具体的に記述することに加えて、本人が見てわかるように表現することで、本人と支援者が、支援目標を共有できることを大事にしていきます。

課題解決のための本人の役割

課題解決のための本人の役割
いつでも先生やデイケアのスタッフに相談できる環境を大事にしていく。

ポイント解説

具体的な本人の取組みが記載されておらず、理解しやすい表現になっていない。

解説

　本人が取り組むべきことを、理解しやすい言葉で記述します。そのためには専門用語は避け、意欲が高まるような表現や本人が自分のこととして主体的に取り組もうと思える表現となるように意識して記述しましょう。また、実効性を適切にアセスメントして、役割の設定を本人にとって難しい内容にしないことが大事です。

　上記については、「いろいろなことを考えると調子が悪くなる」と自覚している本人にとって、定期通院を継続し、デイケアも利用していくことで主治医や精神保健福祉士などの支援を身近に受けられる人的な環境を支えにしてほしいことを意図した記述ですが、「環境を大事にしていく」の表現が、本人にとってわかりづらい記述となっています。

見直し 後

課題解決のための本人の役割

定期通院とデイケアの利用を続け、いつでも先生やデイケアのスタッフに気軽に相談ができるようにしていく。

ポイント解説

本人が何をすることで、最終的に気軽に相談できる環境につながるのかの道筋を、本人にわかりやすいように記述している。

解説

　定期通院を欠かさずに行っていくこと、併せてデイケアも定期利用していくことで、医療ケアに適切につながってもらうこと、その経過のなかで「いろいろなことを考えると調子が悪くなる」ことについても、いつでも話せる環境を大事に本人に向き合ってもらうことを記述しました。例えば、本人からの連絡を待つというだけではなく、時折近況確認の連絡をするなどし、身近な関係性をもつ工夫も大切です。

　本人の役割がわかりづらい内容となると、本人が役割として受け止めきれずに曖昧になってしまいます。普段の生活場面で取り組んでもらいたいことを、本人にとってわかりやすい言葉で記しましょう。

見直し後　サービス等利用計画

サービス等利用計画

利用者氏名（児童氏名）	岩沼　将大　様	障害支援区分	
障害福祉サービス受給者証番号	○○○○○○○○○	利用者負担上限額	
地域相談支援受給者証番号		通所受給者証番号	

計画作成日	○年○月○日	モニタリング期間 （開始年月）	
利用者及びその家族の生活に対する意向（希望する生活）	ヘルパーさんに手伝ってもらい、**食材選びや、メニューを教えて**仕事をしないといけないと思うが、自分に何ができるのかがわか**収入がなく、いろいろなことを考えると調子が悪くなるので、**こ		
総合的な援助の方針	食生活面の**支援による学び**と、就労活動への**不安に対して体験利**		
長期目標	就労継続支援Ｂ型事業所の見学や、その後の体験利用を行うなど		
短期目標	ホームヘルパーの支援で、食材選びや調理を一緒に行いながら少		

優先順位	解決すべき課題 （本人のニーズ）	支援目標	達成時期
1	ヘルパーさんに調理を手伝ってもらいたい。	ヘルパーとのかかわりのなかから、食生活の力をつけていく。	3か月
2	仕事がしたい。けれど自信がない。	就労継続支援Ｂ型事業所の見学や、体験利用を行うなどして、**適職を探して、就労活動を通じて**自信につなげていく。	3か月
3	考えごとをすると調子が悪くなる。	医療面の環境を今後も大事に、無理のない生活環境を維持していく。	3か月
4	お金を稼いでいないので心配。	生活保護を受給し、経済面を安定させて暮らしの不安感をなくしていく。 また、お金の使い方の不安に対しての支援を受けることで、安心な暮らしにつなげる。	3か月

区分 2	相談支援事業者名	A 相談支援センター
○○円	計画作成担当者	○○　○○

3か月ごと（○年○月）	利用者同意署名欄	岩沼　将大	印

もらいたい。
らないし自信もない。
れからの生活に不安がある。

用していくなどの取組みを行うことで、生活意欲の高まりにつながっていくよう支援していく。

し、緩やかに就労活動に入ることで自信につなげていく。

しずつ覚えていく。

福祉サービス等 種類・内容・量（頻度・時間）	課題解決のための 本人の役割	評価 時期	その他留意事項
居宅介護（家事援助） 　5.0時間／月（1回あたり1.0時間） 　買い物に同行しての食材選び、調理（調理の仕方を覚える）	ヘルパーとのかかわりを通じて食生活の力をつけていく。	6か月	
※検討事項 （就労継続支援B型事業の利用検討、15日／月程度）	見学や体験利用などを通じて、就労活動への意欲につなげていく。	6か月	
定期通院　1回／週 デイケア　3回／週 訪問看護　1回／2週	定期通院とデイケアの利用を続け、いつでも先生やデイケアのスタッフに気軽に相談ができるようにしていく。	6か月	
生活保護 　給付管理 日常生活自立支援事業 　金銭管理にかかる援助	安定した生活を長く維持していけるよう、お金の管理や使い方を心がけていく。	6か月	

Case 4

3 ▶ 大目標が立てにくい場合の計画作成

本人と家族の意向に違いがみられる

事例概要

氏名・性別・年齢
氏名 南方希来里（きらり）（男児）
年齢 11歳（小学5年生）

障害等
広汎性発達障害

家族構成
両親と小学3年生の弟の4人暮らし

生活歴
　1歳6か月健診にて要フォロー児として、市の親子相談を受け、その後、児童発達支援センターが実施する外来療育の親子教室に月2回参加し、年少の時からは公立保育所に入所。就学後も通常の学級で学ぶ。小学4年生の1学期に担任から「個別に指示をしても伝わらないことが多い」「文章を最後まで読み取っていない」「テストでは簡単なミスが多く、根気よく指導しているが、なかなか修正できない」などと母親は言われ、スクールカウンセラーに相談するように勧められた。カウンセラーに紹介された専門機関を受診し、診断名を告げられた。そこでは、「特別支援学級に籍をおき、中学を卒業後は特別支援学校に通い、その後は就労のための支援を受けながら自立を目指していく道もある」という話をされ、両親は、「そんな先のことまで考えられない」「子どもはずっと支援を受けていかなければならない状態なのか」と思い、かなり落ち込んだ様子であった。
　しかし、小学5年生に進級する直前に療育的な支援を受けることが必要だと考えを切りかえ、地域にある放課後等デイサービスを手当たり次第に見学した。学習面での支援を受けられるという放課後等デイサービス事業所に通わせることを決めてから、福祉サービスを利用するため、相談支援事業所を訪れた。母親は保育士として結婚してからも働き、育児休業を経てフルタイムで就業していたが、4年生の夏休みに診断を受けて間もなく退職し、子育てに専念することにした。父親は普段は仕事で帰宅が遅いが、母親の話にはよく耳を傾け、休日には毎週子どもを遊びに連れていく子煩悩なところがある。

情報の整理、ニーズの絞り込み・焦点化

　本ケースに関しては、利用したい事業所が決まっている状況であり、早く受給者証がほしいといった依頼であった。担当の相談員は、母親が希望している放課後等デイサービス事業所（以下、放課後等デイ）を訪れ、事業所として提供できる曜日と時間帯を確認し、母親の希望どおりに利用できるよう計画に盛り込んだ（見直し前）。しかしながら、母親の希望をそのまま利用計画に盛り込んだことや、通うことになった事業所が本人が望んでいることを提供していけるのだろうかということは、気になっていた。

　放課後等デイの事業所では、学習支援（実際には主に宿題のサポート）、運動的な療育（実際の内容は、マット運動、跳び箱を中心とした体操教室といったもの）、ソーシャルスキルトレーニング（SST、実際にはかるたとトランプや、簡単なルールのある遊びを中心にした内容）といった3つのメニューを日々行っている事業所で、母親としては、「学習支援」「運動療育」「SST」という言葉にひかれた様子。

　担当の相談員は、学校の担任とも話し合い、子どもとも家庭訪問時に直接かかわっていくなかで、好奇心旺盛で、日常的にかみ合った会話ができること、視覚的な見本ややり方を示したものがあると、格段に理解度が増すことがわかった。また、年齢の割に幼い言動が多いものの、自分の言葉で意見する場面や、場の雰囲気を理解したうえで自分の思いを主張する様子が見られた。放課後等デイで行う予定でもある運動（体操）については、「あまり好きじゃない！」と言い、トランプやかるたより、「もっとおもしろいのがいい！」とも言っていた。実際は将棋が好きで、育成系や飛行機の操縦などのシミュレーションゲームを楽しんでいることもわかった。さらに、放課後は一人で遊びに行き、公園で友だちと遊ぶこともあるとのこと。一方で、「今はどんなことがやりたいの？」と問うと、母親の顔をうかがい、「わからない！」とも言っていた。5年生になってからの担任は、「授業中は、ボーっとしていることが多いものの、テストの成績は良好で、学習面で気になるところはない。友だち同士のトラブルはなく、落ち着いて過ごしている」といったように母親から聞いていた心配事とは違った評価があった。

　新たな情報が入ってきたこともあり、再度母親と会って話をしていくと、「一人でできることがもっと増えてほしいし、本人の力をうまく引き出せるようなかかわり方を学んでいきたい」「宿題が多く、夜遅くまで付き添わなければならないため、私自身が疲れた」「学習面で遅れているわけではなく、友だちとのトラブルが目立っているわけでもないので、特別支援学級はまだ考えていないが、それでよいのかはわからない」といったことを話していた。

　子どもの現状を確認したところでは、今のところ子ども自身が困っていることは見つからなかった。そのため、福祉サービスを利用していく目的を再度整理していき、さらにどの強みを伸ばしていくのか、週当たりの利用回数は適当なのかを見直した。また、子どもが得意なことや、どのようなことをやりたいのかについて、これから時間をかけて探していくことが重要ではないかと家族、関係者と話し合った（見直し後）。

見直し前 サービス等利用計画

子どもの支援利用計画

児童氏名	南方　希来里　くん		生年月日	
保護者氏名	南方　芳郎　様		本人との続柄	
性別	男	住所		○○県○○市

計画作成日	○年○月○日	モニタリング期間 （開始／終期年月）	
利用者及びその家族の生活に対する意向（希望する生活）	指示をしても伝わらないことが多いし、どう接したらいいかわか 文章を最後まで読み取っていない。 テストでは簡単なミスが多く、指導を受けてもなかなか修正でき 放課後や週末に、放課後等デイサービスを利用していきたい。		
総合的な支援の方針	お子さんのこれからの成長については不安なことばかりでしょ 消していくために、話し合っていく機会をもちましょう。		
長期目標	希来里くんの得意なこと、苦手なことを考えていきましょう。		
短期目標	今後のことで悩んでいることは次々と出てくることと思います。		

優先順位	解決すべき課題 （家族及び本人の発達のニーズ）	支援目標	達成時期
1	放課後や週末に、療育的な機会を受けさせたい。	希来里くんの運動や社会性の発達のために、事業所に通っていきましょう。	3か月後
2	親として日頃からどのように声をかけていけばよいのかを学びたい。	どのような内容で、またどのようなタイミングで子どもを褒めていくとよいかを学ぶ機会をもちましょう。	3か月後
3	学校でも特別な支援を受けたほうがいいのかわからない。	現在の希来里くんの発達の状態について、得意なこと、苦手なことを今一度確認していきましょう。	3か月後
4	文章を最後まで読み取っていない。	他にも利用したほうがよい事業所はないか探していきましょう。	3か月後

見直しポイント 3 ▶ p.74 参照

○年○月○日	相談支援事業者名	K 指定障害児相談支援事業所
父親	計画作成担当者	○○　○○
○○町○丁目○○-○		

3か月ごと （○年○月／○年○月）	利用者同意署名欄	南方　希来里（南方　○○　母代筆）　印

らない。

ないところが気になる。

う。これから利用していく福祉サービスについては、積極的に利用していきましょう。また、不安を解

希来里くんのこれからのことについて、一緒に話し合う時間をもちましょう。

支援の具体的な内容 種類・内容・量（頻度・時間）	課題解決のための 家族の役割・立場	評価 時期	その他留意事項
ワンダーキッズクラブ（放課後等デイサービス）にて、学習、運動、SST の療育を受けていく。 週に3日利用。（火・木・土曜日） 　16：00～18：00。（土曜は9：00～12：30）	家庭のなかでも、担当者と話し合い、課題の達成に向けて取り組んでいきましょう。	3か月後	ワンダーキッズクラブで実施している内容を確認しましょう。
ワンダーキッズクラブの職員と定期的に個別に話し合う機会をもちましょう。 話し合う機会については、キッズクラブのスタッフと決めてください。	日常的な場面での声のかけ方、子どもをほめること、叱り方について、具体的に知っていきましょう。	3か月後	月に1回のペースで、南方さんには早めにワンダーキッズクラブに迎えに行っていただき、話し合う機会をもつ予定にしているとのことです。
今年に入って○○センターで発達検査を受け、その結果について説明も受けられましたが、B児童発達支援センターの○○さんがその結果を見ながら、どんなことが得意なのか、得意なことを重視すると、どのようなことをやっていけばいいかについて、具体的に話をしてくださるそうです。話はしてありますので、○○○○に電話をかけて話し合う機会をもってください。	B児童発達支援センターの○○さんにはすでに話をして了解を得ています。	3か月後	
他に利用できる専門機関に関する情報を集めてみます。利用できるところが見つかったら紹介していくようにします。	利用できる事業所があれば、紹介しますので、見学に行ってください。	3か月後	

利用者及びその家族の生活に対する意向
（希望する生活）

見直し 前

利用者及びその家族の生活に対する意向（希望する生活）
指示をしても伝わらないことが多いし、どう接したらいいかわからない。 文章を最後まで読み取っていない。 テストでは簡単なミスが多く、指導を受けてもなかなか修正できないところが気になる。 放課後や週末に、放課後等デイサービスを利用していきたい。

ポイント解説

母親が語った言葉ではなく、また、母親の気持ちの一部しか表現できていない記載内容であるため、子どもの意向がわからない。子どもにも意思や意向があることを忘れてはならない。

解説

　子どもの支援利用計画では、母親の気持ちをここに記していくことが多いのですが、母親から聞いた話をよく聴き取っていないと、関係者の評価を記述してしまうことがあります。ここでは、学校の担任に言われたことを取り上げており、その評価から母親が感じたことを記載しています。児童期の相談では、例えば「言葉の遅れ」を、誰が気にしているのかを確認していないと、実は姑が気にしているけれども母親は気にしていないということがあります。相談支援専門員は常に主語（誰が）を意識して、情報を集めていきましょう。

　また、できないことがあるから福祉サービスを利用したいという意向を表した文面にもなっています。実際に、「福祉サービスを利用したい」と言っているわけでもないのに、受給者証を出す必要があることを表現しようと相談員が意識し過ぎて、こうした書き方をしてしまうことがあります。現在・過去・未来にわたって、複雑な思いや感情をもっている母親の気持ちを丁寧に聴き取ったうえで、できるだけ母親が語った言葉を使いながら、意向をまとめていくようにしましょう。

見直し 後

利用者及びその家族の生活に対する意向（希望する生活）

一人でできることがもっと増えてほしいし、本人の力をうまく引き出せるようなかかわり方を学んでいきたい。
宿題が多く、夜遅くまで付き添わなければならないため、しんどさを感じている。
学習面で遅れているわけではなく、友だちとのトラブルが目立っているわけでもないので、特別支援学級はまだ考えていないが、それでよいのかはわからない。

希来里くんは、学校の生活のなかで特に困ったことはなく、一方では好きなことがたくさんあり、学校から家に帰ってからやりたいことはたくさんあるようです。

ポイント解説

保護者のさまざまな思いを表している。併せて日頃の本人の言動から推測できる意向を記述したことにより、子どもの成長の可能性が感じられる、よい内容となった。

解説

　保護者との面談では、過去の出来事を悔やむ気持ちや、実際の生活から生じる悩みや、これからのことで考えてしまう不安など、さまざまな思いを聴くことがあります。母親から聴取したことをまずはメモ程度に書き並べ、一番の本音となるところはどこなのかを考えていきたいものです。本ケースの場合は、母親として子どもを成長させたいという思いと、特別支援学級を選択するべきなのかどうかということと、実際の家庭のなかでのかかわりに戸惑いを感じているということではないでしょうか（意向のとらえ方が変わってくると、当然ながら解決すべき課題や支援目標もほとんど変わってきますので、見直し後の利用計画全体を確認ください）。
　一方で計画の対象となるのは子ども本人ですから、子どもの意向も記載していきたいものです。ただし、福祉サービスの利用に関する意向を、子どもが言葉として主張することはほとんどありません。子どもの気持ちを推測しながら書き表していきたいですね。しかしながら、子どもの気持ちを代弁していくことは簡単ではありません。本ケースの場合は、子どもの日々の様子が大まかに理解できる文章を入れています。特に、保護者としてはより多く福祉サービスを利用したいものの、本人は困っているわけではなく、自分の力で過ごす力があることを示しました。

見直しポイント 2

総合的な援助の方針

見直し 前

総合的な援助の方針

お子さんのこれからの成長については不安なことばかりでしょう。これから利用していく福祉サービスについては、積極的に利用していきましょう。また、不安を解消していくために、話し合っていく機会をもちましょう。

ポイント解説

全体的に支援者目線の一方的な表現になっている。しかも、読み手（保護者）の気持ちへの配慮が足りない記述であるため、不安感が増すことにつながる可能性が高い。

解説

「総合的な支援の方針」は、支援計画によって、これからの一年でどのようなことを目指していくのかをイメージできるように表現し、読み手が前向きな気持ちになれるような内容を示していくよう留意しましょう。本ケースでは、障害を告知されてから間もない母親の気持ちをほぐしていき、少しでも希望が見えてくる内容にしていきたいものです。また、普段の子育てに関して、自信につながるような配慮も必要です。上記のように「〜しましょう！」と立て続けに示してしまうことは、頑張っている人に、もっと頑張れというメッセージを送ることになってしまい、意気消沈させることにもなりかねません。

また、子どもの状態だけを考えると、福祉サービスを多く利用すべき状況ではなさそうです。サービスを多く利用したいという母親の気持ちを考慮しつつも、「積極的に利用」という表現は避けたほうがよいでしょう。さらに、「不安を解消していく」という表現は適切ではありません。通常ならば、子どもの成長とともに保護者には新たな不安が生じていくものですから、安易に使ってはいけません。

見直し 後

総合的な援助の方針

希来里くんは好奇心旺盛で、挑戦したいことや頑張りたいことはたくさんありそうですね。何かと不安なことがあるでしょうが、希来里くんのこれまでの成長を再度確かめながら、放課後や週末の過ごし方について、福祉サービスも選択肢の一つとしながら、あらためてどのような過ごし方が希来里くんのためになるのかを、ゆっくりと考えていきましょうね。

ポイント解説

子どもが主人公であることが明確な記述になった。具体的な支援内容をじっくりと読みたくなる文章でもあり、子どもの可能性を信じ、期待がもてる内容になった。

解説

　母親があれこれと悩んでいることは受け止めつつ、すでに子どもができていることに着目しながら、子どものために何が大切なのかを一緒に考えていきましょうという提案となっています。

　児童期における支援計画は、家族の意向を計画にそのまま反映していくことが少なくないようです。しかしながら、どのように育てていくのがベストなのかは誰にもわからないものです。子育てに悩む母親の頭のなかを一緒に整理し、現実的にベターな選択をしていく過程を応援していく役割こそ、相談支援専門員には求められています。また、相談支援専門員は親と子どもの間に位置しつつも、子どもとの信頼関係を深めていきながら、子どもの側に立った言葉を選んでいきたいものです。

　本ケースの子どもの状態は、家で一人でも過ごせる力があることをふまえ、福祉サービスの利用だけではなく、今後は放課後や週末の過ごし方として、もっと他にも選択肢が考えられるのではないかといった提案をしています。保護者は、わが子の「障害」に注目するほどに、「〜しなければならない」という思考に陥りがちです。柔軟な発想で子どもを見つめていけるようなメッセージを記載していきましょう。

優先順位
解決すべき課題（家族及び本人の発達のニーズ）
支援目標

見直し　前

優先順位	解決すべき課題 （家族及び本人の発達のニーズ）	支援目標
1	放課後や週末に、療育的な機会を受けさせたい。	希来里くんの運動や社会性の発達のために、事業所に通っていきましょう。
2	親として日頃からどのように声をかけていけばよいのかを学びたい。	どのような内容で、またどのようなタイミングで子どもを褒めていくとよいかを学ぶ機会をもちましょう。

ポイント解説

優先順位をつけていくことに工夫をした記述になっていない。公的な福祉サービスの利用に関することが一番になるとは限らず、何が重要で有効かの意図が読み取れない、質の低い表現になっている。

解説

　児童期の相談支援で大切なことは、子どもが生き生きと活動できる場や、人との出会いの場を一つでも増やしていくことであり、その可能性を探ることにあります。心地よい経験が子どもの笑顔を増やし、結果として、その笑顔が子どもの成長にも、家族が前向きな気持ちになっていくためにも必要だからです。
　「解決すべき課題」と「支援目標」は、「総合的な支援の方針」を具体的にどう実行するかを明らかにしていく欄になるわけですから、優先順位やどういった順番で記載するかを重視していきましょう。「見直し前」の利用計画は、あまり工夫と意図のない優先順位となっています。保護者の意向を書き並べ、福祉サービスの利用に関することを上位に記載していくような利用計画では、福祉サービス利用のための計画作成と家族は受け止めてしまうことでしょう。
　保護者が悩んでいる度合いを大切にしていくのであれば、「解決すべき課題」を書く位置に工夫をし、「支援目標」とその内容に重きを置くのであれば、「支援目標」をベースとして、書く位置や優先順位を決めていきたいものです。

見直し 後

優先順位	解決すべき課題 （家族及び本人の発達のニーズ）	支援目標
1	子どものこれからの成長・発達に関して、特別な支援を受ける機会を次第に増やしていくべきなのかについて相談したい。	現在の希来里くんの発達の状態について、得意なこと、苦手なことを今一度確認していきましょう。
2	自己主張の強くなる希来里くんとの付き合い方について	思春期を迎え、おとなしく人に言われたことに従う希来里くんが只今変身中です。親としての心構えについて話し合いましょう。

ポイント解説

何度も話し合った結果、母親が気になっていることから取り上げ、親としての希望を受け止めた、よいプランとなっている。また、何を目的とした利用計画なのかが伝わりやすく、子どもの将来に期待がもてる内容になった。

解説

　福祉サービスの利用を中心に考えて計画を作成していくと、保護者が一番気になっていることが後回しになってしまうことがあります。このケースの場合、特別支援学級に籍を置くべきかについて母親は悩んでいます。心配していることについて話を前に進めていくことこそ、一番優先度が高いのではないでしょうか。

　併せて、福祉サービスの利用は、計画のなかでどのくらいの優先度になるのかについて、十分な検討が必要です。見直し後の計画では、放課後等デイサービスの利用に関し、優先順位は1⇒3とし、事業所の利用が最も大切なことではないことを示しています。しかも利用頻度は、見直し前の週に3日から、見直し後は週に2日としています。さまざまな情報を得ていきながら、母親の子育て疲れをリフレッシュしていくための利用の必要性は低く、本人は余暇の過ごし方に困っているわけでもないことが確認できたわけですから、まずは2日の利用から始めてみましょうという提案に、家族も事業所も納得できました。

見直し後　サービス等利用計画

子どもの支援利用計画

児童氏名	南方　希来里　くん		生年月日	
保護者氏名	南方　芳郎　様		本人との続柄	
性別	男	住所		○○県○○市

計画作成日	○年○月○日	モニタリング期間 （開始／終期年月）
利用者及びその家族の生活に対する意向（希望する生活）	一人でできることがもっと増えてほしいし、本人の力をうまく引宿題が多く、夜遅くまで付き添わなければならないため、しんど学習面で遅れているわけではなく、友だちとのトラブルが目立っ希来里くんは、学校の生活のなかで特に困ったことはなく、一方	
総合的な支援の方針	希来里くんは好奇心旺盛で、挑戦したいことや頑張りたいことはかめながら、放課後や週末の過ごし方について、福祉サービスもと考えていきましょうね。	
長期目標	「ボーっとしてばかりで、指示が通らないことも多く、一つひと僕のことわかっていない！」「きらりはできない子どもなの？」希来里くんが家庭や地域のなかで、新たに挑戦してみようと思え	
短期目標	希来里くんの弟さんの子育ても含め、ご家族の方々それぞれの生何か話し合ってみましょう。	

優先順位	解決すべき課題 （家族及び本人の発達のニーズ）	支援目標	達成時期
1	子どものこれからの成長・発達に関して、特別な支援を受ける機会を次第に増やしていくべきなのかについて相談したい。	現在の希来里くんの発達の状態について、得意なこと、苦手なことを今一度確認していきましょう。	3か月後
2	自己主張の強くなる希来里くんとの付き合い方について	思春期を迎え、おとなしく人に言われたことに従う希来里くんが只今変身中です。親としての心構えについて話し合いましょう。	3か月後
3	希来里くんの療育的な支援としてどのようなことに、取り組んでいくとよいのか。	事業所で実施している運動や社会性の発達のための課題のうち、希来里くんがよく集中して取り組めていることを確認していきましょう。	3か月後
4	放課後や週末の過ごし方について	当初予定していたワンダーキッズクラブの利用日を減らしています。あらためて、希来里くんの放課後や週末の過ごし方について考えていきましょう。	3か月後
5	好きなもの、関心のあるものを増やしていく	希来里くんがおもしろがってくれそうなこと、興味をもっていることについて、支援している人が出し合っていきましょう。	3か月後

○年○月○日	相談支援事業者名	K指定障害児相談支援事業所
父親	計画作成担当者	○○　○○
○○町○丁目○○－○		

3か月ごと （○年○月／○年○月　　）	利用者同意署名欄	南方　希来里（南方　○○　母代筆）　印

き出せるようなかかわり方を学んでいきたい。
さを感じている。
ているわけでもないので、特別支援学級はまだ考えていないが、それでよいのかはわからない。

では好きなことがたくさんあり、学校から家に帰ってからやりたいことはたくさんあるようです。

たくさんありそうですね。何かと不安なことがあるでしょうが、希来里くんのこれまでの成長を再度確
選択肢の一つとしながら、あらためてどのような過ごし方が希来里くんのためになるのかを、ゆっくり

つの取組みに時間がかかりすぎる」とお母さんはおっしゃっていましたが、希来里くんは「お母さんは
と言うこともあり，先日は2時間くらいのプチ家出もしたそうですね。何だか頼もしくなっていますね。
ることを考えていきましょう。

活について今一度振り返りながら、親として今できることについて一緒に整理し、優先度の高いことは

支援の具体的な内容 種類・内容・量（頻度・時間）	課題解決のための 家族の役割・立場	評価 時期	その他留意事項
今年に入って○○センターで発達検査を受け、その結果について説明も受けられましたが、B児童発達支援センターの○○さんがその結果を見ながら、どんなことが得意なのか、得意なことを重視すると、どのようなことをやっていけばよいかについて、具体的に話をしてくださるそうです。話はしてありますので、○○○○に電話をかけて話し合う機会をもってください。思春期に入っていく希来里くんの成長ぶりと、これからの子育てについてもコメントをもらいましょうね。	まずは南方さんから電話をして、面談の日を決めてくださいね。	3か月後	B児童発達支援センターの○○さんにはすでに話をして了解を得ています。
		3か月後	
ワンダーキッズクラブ（放課後等デイサービス）にて、学習、運動、SSTの療育を受けていく。 　週に2日利用（火・土曜日） 　16：00～18：00（土曜日は9：00～12：30）	ご家庭では事業所で実施したことを知らせてもらい、一番楽しかったことはどれかを希来里くんに尋ねてみるといいですね。	3か月後	事業所のスタッフからも、一番楽しかったことを一つ毎回報告してもらいましょう。
希来里くんが放課後によく遊びに行っている公園に、ライトアップクラブ（放課後等デイサービス）のスタッフが利用している子どもを連れて行っています。一緒に遊んだこともあり、希来里くんのこともよく知っていました。どういった遊びをしているか、一度会って話を聞いてみませんか？	平日ならば、12時～14時までは直接会うことも、電話で話すこともできるとのことです。○○○○に電話をしてみてください。	3か月後	ライトアップクラブのスタッフの話から、希来里くんの新たな姿を感じることができました。私から話してもよいのですが、感心できるエピソードもありますので、ぜひ直接話を聞いてみてくださいね。
各事業所や学校など、希来里くんを支援している方々が集い、話し合う機会をつくります。希来里くんが関心をもっていることや普段考えていることについて語ってもらい、これからどのようなことに興味をもちそうなのかを考えていきましょう。	話し合う機会をもつ前に、普段の希来里くんの姿をいつも以上に眺めてみる時間をもってください。	3か月後	3か月後の○月中旬くらいの実施を考えています。

3 大目標が立てにくい場合の計画作成

Case 5 会うたびに本人の発言内容が変わる

事例概要

氏名・性別・年齢
氏名　山口　花子（女性）
年齢　47歳

障害等
統合失調症

家族構成
両親と本人の3人暮らし（弟は20年前に病気で死亡）

生活歴
　1歳6か月児健診にて先天性股関節脱臼の疑いを指摘され、11歳で手術をする。中学2年の遠足で登山に参加したが、無理をした様子で、その頃より股関節の痛みを訴えるようになった。高校は公立の進学校に合格。高校2年生のときに「足が悪い」「口が臭い」等の悪口が聞こえるようになる。歩行状態も悪くなり、手術のため入院。退院後「いじめられるから学校をやめたい」と訴え、高校2年生で退学する。以後、編み物教室に通う。編み物は上手でセーターなどを編んでは知人や家族にプレゼントしていた。20歳で就職するが、半年もたたないうちに「職場の人がいじめる」「悪口を言う」という訴えが多くなり、退職。職場の人間関係がうまくいかなかった様子で、以後は家に引きこもった暮らしになる。幻聴・妄想の訴えがあり、精神科を受診し、治療を開始する。
　26歳のときに姉思いで優しかった弟が病気で半年の療養後亡くなる。頼りにしていた弟だっただけにショックが大きかった。36歳頃より服薬拒否。「自分は天皇家の一族」等の妄想的な訴えが強くなり、両親への暴言暴力・感情失禁があり、38歳で受診後に入院となる。入院後、2か月で症状が治まり退院。半年後に再び拒薬し、症状悪化、再度入院する。1か月後に退院する。以後、ほとんど自宅で引きこもり、外出は受診のときだけの生活をしている。人の目が気になる、インターネットで自分のうわさが流れている、隣のおばさんと息子が自分のことを見張っていて、話しかけてくる等の妄想・幻聴の訴えあり。家族は治療に協力的である。

情報の整理、ニーズの絞り込み・焦点化

　医療面では、月2回の精神科受診と月2回の訪問看護を受けている。幻聴はほぼ毎日聞こえており、幻聴に左右された行動もある。幻聴の声も対象者が固定されており、真実だと思い込んでいる様子もある。服薬はしているが、自分が精神疾患ではないと思いたい気持ちも強く、服薬による身体症状を訴えることが多い。訪問看護師がかかわることにより、少しずつ幻聴との付き合い方について考えられるようになりつつある状態。障害受容ができるようなかかわりも必要である。また、感情が不安定になり、状態が悪化しかけたときに、母親と一緒に外出するなど、気分転換をすることによって悪化を防ぐことができた経験を強化しながら、気持ちを外に向けることが大切である。

　生活面では、料理をすることは好きで、煮込み等の味付けも一発で決まると自信をもっている。人のために何かをすることも好み、家族を含め人の役に立ちたいという気持ちも強い。一方で、両親に対しては、頼り切っている面もあり、両親が自分のためにしてくれることは当たり前だという気持ちも強い。その気持ちのなかには、「自分が先天性股関節脱臼でなかったら……」「足が悪くなかったら……」という気持ちや「中学生のときに登山をしなければ、親が強く遠足（登山）への参加を止めてくれたら……」という気持ちもあり、現状を親のせいにすることで、自分の気持ち（やり場のない怒りの感情）を収めようとしている様子もうかがえる。対人関係では、ほとんど家族だけとの接触である。調子がよくて気が向けば、親戚が経営している喫茶店に母と行くことや車からは外に出ないという条件で母とドライブに行くことができる。中学時代の友人2人とは年賀状や暑中見舞いのやり取りをしているが、年賀状が来ない場合には「自分の悪いうわさが流れていて嫌われた」等の訴えが強くなる。両親以外とは、相談支援専門員と訪問看護師と話をすることがあるくらいで人と接触をすることが少ない。

　今後は、幻聴や妄想等の精神症状とうまく付き合っていくことを前提として、医療も含めた支援チームをつくっていくことが必要である。そのなかで人とのかかわりの機会が増えるように支援していく。また、幻聴や妄想に行動が左右されていることが多いので、気分転換をしながら現実の世界で生きる時間が増えるように働きかける。本人の希望である「結婚したい」ということを中軸に、そのために人とどのように出会うか、どのように人とかかわっていくかを一緒に考えることができるとよいと思う。本人の成育歴や生活歴、家族歴等の理解を深めながら、両親が健在なうちに、自分自身でできることを少しでも増やし、本人の希望する暮らしの実現に向けてチームでかかわっていく必要性がある。

見直し前　サービス等利用計画

サービス等利用計画

利用者氏名（児童氏名）	山口　花子　様	障害支援区分	
障害福祉サービス受給者証番号	○○○○○○○○○	利用者負担上限額	
地域相談支援受給者証番号		通所受給者証番号	

計画作成日	○年○月○日	モニタリング期間 （開始年月）	

利用者及びその家族の生活に対する意向（希望する生活）	本人：将来は結婚してさみしくない暮らしをしたい。友だちもで 家族：自分の調子が悪いことも意識してきちんと治療をしてほし
総合的な援助の方針	恋愛については聞こえてくる声の影響を受けている。現実的なか に働きかける。
長期目標	おしゃれをして彼と出かけたい。彼のために料理やお菓子・セー
短期目標	気の合う仲間とお出かけができたらいいな。

優先順位	解決すべき課題 （本人のニーズ）	支援目標	達成時期
1	身体の調子を整えたい。	調子の悪いときとよいときの違いを言葉で表現でき、調子が悪いときの自分なりの対処の仕方がわかる。	3か月
2	気分転換に外出したい。	1週間に1回、山口さんのタイミングで外出できるようにする。	3か月
3	出会いの場がほしい。	自分の得意なことができる場所に行きながら友だちができるようにする。	6か月
4	自分の得意なことで、人の役に立つことをしたい。	料理・お菓子づくり・編み物で人の役に立つことを一緒に考える。	3か月

見直しポイント 4 ▶ p.88 参照

区分3	相談支援事業者名	W相談支援センター
○○円	計画作成担当者	○○　○○

1か月（○年○月）	利用者同意署名欄	山口　花子	印

見直しポイント1 ▶ p.82参照

きたらいいな。統合失調症ではないので薬は飲まない暮らしがしたい。
い。一人になってもこの家で暮らせるように自分のことは自分でできるようになってほしい。

かわりのなかで人づきあいを広げていけるように支援する。そのためには自分の障害と向き合えるよう

見直しポイント2 ▶ p.84参照

ターをつくりたいな。

見直しポイント3 ▶ p.86参照

福祉サービス等 種類・内容・量（頻度・時間）	課題解決のための 本人の役割	評価 時期	その他留意事項
クリニック（2週間に1回） 　受診時に外来で看護面接後診察。 　症状と薬に対する説明を受ける。 訪問看護ステーション（2週間に1回） 　症状に対する対処方法を一緒に考える。 　服薬について飲み心地の確認と症状観察。	自分の症状や感じていること・考えていることを正直に話す。 主治医や看護師・精神保健福祉士の話を聴く。 提案された対処方法のなかで自分に合いそうなものをやってみる。	3か月	医療機関のスタッフと相談支援専門員の密な連携が必要（診察後や訪問看護後に情報を聞く）。 表現方法等の統一が必要。
移動支援・相談支援 　市内で本人の行きたい場所を一緒に考えながら気分転換ができることと対人関係をつくることを目的にかかわる。	行きたい場所を提案して事業所に連絡をする。	3か月	対人緊張が高いので、支援者の固定を検討。 本人の体調に合わせると日程が流動的になる可能性が高いことも考慮。
生活訓練・デイケア・地域活動支援センター 　料理やお菓子づくりをしながら会話が楽しめる場面をつくる。まずは見学をしてみて山口さんの気に入った場所に行けるように検討する。	相談支援専門員と見学に行ってみて、気に入った場所の利用をしてみる。	6か月	1週間に1回くらいからスタートする。
ボランティアセンター・相談支援・コミュニティセンター 　イベント等でお菓子を出すことができないか等、山口さんの得意なこととマッチすることがないか一緒に考える。	自分のできることを話す。	3か月	

利用者及びその家族の生活に対する意向
（希望する生活）

見直し前

利用者及びその家族の生活に対する意向（希望する生活）
本人：将来は結婚してさみしくない暮らしをしたい。友だちもできたらいいな。統合失調症ではないので薬は飲まない暮らしがしたい。

ポイント解説

本人の言葉で表現されている希望に着目している点はよいが、本人が話している言葉に隠された想いはどこにあるのかを確認できていない、薄い記述となっている。「さみしい」という言葉の意味などが聴き取れていないので、質の低い表現になっている。

解説

　治療には拒否的な言動があり、希望も言語的に本人が表現することだけに着目して、将来の生活に対する意向を記載しています。本人の成育歴や生活歴・家族歴を掘り下げて、本人の将来に対する不安が何から起こっているのか。どうなれば安心できるのかを本人や家族に確認したうえで、考えていきましょう。
　また、本人が統合失調症に対する理解ができていないので、この部分については、「統合失調症ではないから治療を受け入れたくない」という今、本人が語っている言葉をそのまま記載し、相談支援専門員が本人の気持ちを受容していることが伝わるようにしましょう。

見直し 後

利用者及びその家族の生活に対する意向（希望する生活）

本人：両親が亡くなればこの広い家で自分は一人になってさみしいし、どのように暮らせばよいかわからない。自分の味方になってくれる人が一人でも増えたらいいな。友だちもできたらいいな。統合失調症ではないので薬は飲まない暮らしがしたい。

ポイント解説

将来への不安は誰も頼る人がいなくなる不安からくるものだったことを記載している。今、どのような支援の意向があるかが明確になってきた。言葉の裏にある利用者の想いが伝わる、よいプランになった。

解説

両親が亡くなった後のさみしさや不安から、頼る人の存在を求めて「結婚」という言葉になって表れていたことがわかってきたので、結婚というよりも、「味方になってくれる人」「友だち」という表現に変えています。本人が言語化する表現だけではなく、その奥にある本人の気持ちや想いをうまく引き出すことによって、本人の言葉の背景にある気持ちが明確化されます。この部分に対して具体的な支援策が考えられるように記載しましょう。

見直しポイント 2

長期目標

見直し 前

長期目標
おしゃれをして彼と出かけたい。彼のために料理やお菓子・セーターをつくりたいな。

ポイント解説

本人の言葉のままの表現だけが記述されており、恋愛妄想との関連を強めているだけの表現になってしまっている。「おしゃれ」や「彼」の言葉のもつ意味に注目しておらず、質の低い表現になっている。

解説

　幻聴や妄想の内容が恋愛や結婚に関することなので、それに関連した表現になっています。

　計画書のなかの「長期目標」で本人の言葉を大切にしている分、「彼」という表現がなされており幻聴の主である「彼の存在」を大切にしたいという気持ちが強まってしまいます。また、支援者も彼の存在を認めているかに見えてしまいます。そうなると、幻聴や妄想を強化してしまう可能性さえあります。恋愛や結婚という表現に隠された本人の気持ちを重視した表現に変えていきましょう。

　そのためには、「彼のために」という表現が何を示すのか、どのような相手を望んでいるのかということを話し合いながら本人の気持ちに合う表現を見つけることが大切です。

見直し 後

長期目標

自分の味方になってくれる人を増やそう。

ポイント解説

さみしさや不安は、両親が亡くなった後の信頼できる人の存在がないことからくるものである。それを「味方」という本人が表現した言葉を使って記載したことで、作成されたプランの個別性が高くなり、利用者にとって意味のある表現となった。

解説

　シンプルな表現ですが、「味方になってくれる人」という表現は、本人が使う言葉であったり、安心する言葉であったりします。不安を表現する人に対しては、本人が安心できる言葉や本人のこころに響く表現を使うことが大切です。例えば「5人以上」というように具体的に記載することも目標が明確になってよいと思いますし、その5人の顔が本人も相談支援専門員とも浮かぶようなら、より現実感が感じられます。また、インフォーマルなつながりも視野に入れて相談支援専門員がつなぎたいと思っている人をイメージしておくことも必要です。本人のストレングスを意識して本人がしたいことを一緒にしてくれたり、認めてくれたりする人も検討しましょう。

見直しポイント 3

短期目標

見直し 前

短期目標
気の合う仲間とお出かけができたらいいな。

ポイント解説
外出して気分転換をすることが前提になっているため、利用者に選択肢がなく、限定的な表現になっている。もう少し可能性が広がる具体的な記載がほしい。

解説

　幻聴という症状から妄想につながっているので、気持ちを外に向けるということから、外出して気分転換をすることが前提の目標になっています。気分転換をする方法をいろいろな角度から見ていくためには、もう少し限定されない記載の仕方を工夫しましょう。また、気の合う仲間という表現は、わかりにくい表現ですので、もう少し具体的な記載にしましょう。

　本人がやりたいと思っていてもなかなか勇気を出して実行することができていないことを列挙したうえで本人に優先順位をつけてもらい、何からはじめるかを確認しながら記載をしていきましょう。同時に何種類か記載することが本人の負担にならなければ、「○○や○○をしてみよう」というように記載してもよいと思います。

見直し 後

短期目標

自分の趣味を活かしながら、気の合う仲間を見つけよう。

ポイント解説

仲間づくりのキーワードが具体的になっていることで、利用者が中心になり、利用者のペースを尊重した記載に変化した。

解説

　趣味を活かした仲間づくりと記載することによって、本人のしたいことを中心に考えていくことができます。本人にとって取り組みやすくなるでしょう。また、外出することにこだわっていないので、本人と一緒にどのような方法で仲間づくりをしていくかを考えることができ、それが計画に反映されるようになります。

　得意な編み物で何か人とかかわることはできないかという視点にたち、相談支援専門員がインフォーマルな形でのかかわりを間接的につくっていくことで、人とのつながりが少しづつ増えていきます。

　例えば、手編みの犬のセーターがほしいという人とのマッチングをすれば本人の得意なことが資源として活用できるようになります。その他にも、自宅で同年代の女性とお茶飲み会をするということを話し合い、どのような人ならよいのか、共通の話題（テーマ）は何かも含めて本人と相談支援専門員が話し合い、計画に盛り込むようにするとよいでしょう。家に集まった仲間が継続的にかかわってくれるなど、一緒に話ができる仲間に変わっていくように相談支援専門員は働きかけることも必要です。

解決すべき課題（本人のニーズ）
支援目標

見直し 前

解決すべき課題（本人のニーズ）	支援目標
出会いの場がほしい。	自分の得意なことができる場所に行きながら友だちができるようにする。

ポイント解説

結婚を前提とした課題や支援目標ではなく、支えてくれる人を増やすという課題に変更して目標・サービスを考えている。
また、最初から福祉サービスだけに偏った印象の記載となっており、質の低い支援に感じられる。

解説

　外出することを前提としているために、外出先を探す計画になっています。いろいろなところを見学したうえで本人が決めることができるように記載されても、果たして本人が望む出会いの場が障害をもっている人の集まる場所だけでよいのでしょうか。福祉サービスや医療サービスに偏りすぎている印象をもちます。
　まずは本人にとっての「結婚」が何を示しているのかを会話のなかから探り、「結婚」に望んでいることや「結婚」という言葉の背景にある想いを言語化していきます。それを相談支援専門員は本人に伝え、本人の想いと一致しているかどうかの確認をしていくことが必要です。
　常に相談支援専門員は本人の言動の背景にある想いを言語化することに気を配りましょう。

見直し 後

解決すべき課題（本人のニーズ）	支援目標
将来的にも自分を支えてくれるような友だちがほしい。	家でお茶会をしたりできる仲間をつくる。

ポイント解説

出会いの「場所」を見つけることから、「支えてくれる人」を見つけるという課題に変わっている。公的な福祉サービスだけではない提案になっており、やる気を引き出す可能性の高まった記載となっている。

解説

　支えてくれる人を見つけるという課題に対して、本人が仲間を自分の家に招くことを提案しています。自分のことをもっと知ってもらいたいという気持ちがあるものの、人の目が気になるので、自宅のほうが安心という気持ちを汲み取った計画になっています。
　また、本人は障害者として生きていたいと思ってはおらず、普通に地域のなかで暮らしたいと思っているので、障害福祉サービスにだけ頼るのではなく、地域のなかのインフォーマルな資源を使っていくことが必要になります。

見直し後 サービス等利用計画

サービス等利用計画

利用者氏名（児童氏名）	山口　花子　様	障害支援区分	
障害福祉サービス受給者証番号	○○○○○○○○○	利用者負担上限額	
地域相談支援受給者証番号		通所受給者証番号	

計画作成日	○年○月○日	モニタリング期間 （開始年月）	

利用者及びその家族の生活に対する意向（希望する生活）	本人：両親が亡くなればこの広い家で自分は一人になってさみし 　　　友だちもできたらいいな。統合失調症ではないので薬は飲 家族：自分の調子の悪いことも意識してきちんと治療をしてほし
総合的な援助の方針	恋愛については聞こえてくる声の影響を受けている。現実的なかに働きかける。
長期目標	自分の味方になってくれる人を増やそう。
短期目標	自分の趣味を活かしながら、気の合う仲間を見つけよう。

優先順位	解決すべき課題 （本人のニーズ）	支援目標	達成時期
1	身体の調子を整えたい。	調子の悪いときとよいときの違いを言葉で表現でき、調子が悪いときの自分なりの対処の仕方がわかる。	3か月
2	気分転換に外出したい。	1週間に1回、山口さんのタイミングで外出できるようにする。	3か月
3	将来的にも自分を支えてくれるような友だちがほしい。	家でお茶会をしたりできる仲間をつくる。	6か月
4	自分の得意なことで、人の役に立つことをしたい。	料理・お菓子づくり・編み物で人の役に立つことを一緒に考える。	3か月

区分3	相談支援事業者名	W相談支援センター
○○円	計画作成担当者	○○　○○

1か月（○年○月）	利用者同意署名欄	山口　花子　　　　　　　印

いし、どのように暮らせばよいかわからない。自分の味方になってくれる人が一人でも増えたらいいな。
まない暮らしがしたい。
い。一人になってもこの家で暮らせるように自分のことは自分でできるようになってほしい。

かわりのなかで人づきあいを広げていけるように支援する。そのためには自分の障害と向き合えるよう

福祉サービス等 種類・内容・量（頻度・時間）	課題解決のための 本人の役割	評価 時期	その他留意事項
クリニック（2週間に1回） 　受診時に外来で看護面接後診察。 　症状と薬に対する説明を受ける。 訪問看護ステーション（2週間に1回） 　症状に対する対処方法を一緒に考える。 　服薬について飲み心地の確認と症状観察。	自分の症状や感じていること・考えていることを正直に話す。 主治医や看護師・精神保健福祉士の話を聴く。 提案された対処方法のなかで自分に合いそうなものをやってみる。	3か月	医療機関のスタッフと相談支援専門員の密な連携が必要（診察後や訪問看護後に情報を聞く）。 表現方法等の統一が必要。
移動支援・相談支援 　市内で本人の行きたい場所を一緒に考えながら気分転換ができることと対人関係をつくることを目的にかかわる。	行きたい場所を提案して事業所に連絡をする。	3か月	対人緊張が高いので、支援者の固定を検討。本人の体調に合わせると日程が流動的になる可能性が高いことも考慮。
相談支援・趣味の会・知人（1か月に1回） 　絵手紙の先生を自宅に招いて、少人数で一緒に習ったりしながらお茶会もする。	お茶の用意をする。	6か月	山口さんの負担にならないように、少人数から始める。
ボランティアセンター・相談支援・コミュニティセンター 　イベント等でお菓子を出すことができないか等、山口さんの得意なこととマッチすることがないか一緒に考える。 　犬の洋服づくりのオーダーがあるので、具体的に話を進める。	自分のできることを話す。 犬の洋服をつくる準備をする。 （本や毛糸を購入する）	3か月	自分の家でできることや家に人を招くことを中心に支援を組み立てる。

Case 6

3 大目標が立てにくい場合の計画作成

今すぐには実現不可能と思われる夢をもっている

事例概要

氏名・性別・年齢
　氏名　埼玉　翔太（男性）
　年齢　30歳

障害等
　精神障害（統合失調症）

家族構成
　一人暮らし

生活歴

　K市で出生。両親と本人の3人家族。翔太さんは、小学生のときはおとなしい子で詩人になりたいと思っていた。普段は厳しかった父親に、自分が書いた詩をほめられたことがうれしかった。中学時代に父親が亡くなり、母親と2人暮らしになった。高校入学後にギターに興味をもち、プロのミュージシャンを目指して高校卒業後は専門学校でギターを専攻した。しかし、練習に一生懸命に取り組んでいるうちに不眠がちとなり、幻聴などが出現して統合失調症の診断で精神科病院に4か月間入院した。退院後、精神科のデイケアに3か月通うものの、気力と体力が続かないことと、「自分はこんなもんじゃない」との思いが湧き出てきてデイケアをやめてしまう。その後は、ひきこもりがちな生活となり、外出は3か月に1回の音楽会やコンサートに行く程度で、家でCDを聞いて10年が過ぎた。先月、母親が急死して一人暮らしとなった。

　生活は母親に頼っていたことから、親戚の勧めで市役所の福祉課に相談にいき、L相談支援センターを紹介された。翔太さんは「本当は、ビッグスターになって世界を癒す歌をつくりたいんですよね。でも、母親が死んで、ちょっとそれどころじゃなくなってしまったんです。はっきり言って何から始めればいいのかわからない。どのように生活すればいいのか教えてほしい」と言う。当面は、親の遺した家で経済的には両親の遺産と障害年金で生活する予定である。

情報の整理、ニーズの絞り込み・焦点化

　翔太さんは「ビッグ（スター）になりたい」「世界を癒す歌をつくりたい」という強い希望をもっている。いつもは厳しかったが、尊敬する亡父に認められてうれしかった気持ちから、このような夢を抱くようになったという。精神障害となり思考がまとまりにくく、自分の思っていることを即座に相手に伝えることが苦手になったという自覚があることから、詩を書いてそれを歌にすることで自分の気持ちを伝えたいと思っている。もう一度、自分の世界観を取り戻したい。そのためには、以前世話になったギタリストにギターを習いたい。そうすれば、生活に張り合いをもてると思っている。翔太さんの「ビッグ（スター）になりたい」「世界を癒す歌をつくりたい」という希望は、今すぐには叶えることは難しいものの、翔太さんの今後の生活にとって、とても重要な目標といえる。

　翔太さんは、母が亡くなるまで、生活のことはすべて母親に頼り切っていたので、炊事、洗濯、掃除、金銭のやりくり等を自分一人で行うことに不安を抱いていて、何から手をつければいいのかわからない状態にある。精神障害となって以来、段取りが苦手になったことから、自分の好きなことにだけ打ち込んできた。しかし、もともとは器用で、母親の手伝いもよくしていたという。現在も理解力は十分保たれているので、居宅介護サービス等を利用することで、生活していくうえでの基本的な力を身につけることが推測できる。

　就労については、いずれは稼がなくてはという気持ちもあるが、まずは日常生活を安定させたいと思っている。「自分は一人で大丈夫」と言いながらも、気楽に話ができる友だちがほしいと考えている。中学・高校時代は、本人の話をよく聞いてくれて、時に諭してくれる兄のような人と馬が合ったという。「どこで、どんなふうに友だちをつくればいいのかな。以前だったら、自分にとって気楽に話ができるときには、いつの間にか友だちができていたんですけどね」と言っている。

見直し前　サービス等利用計画

サービス等利用計画

利用者氏名（児童氏名）	埼玉　翔太　様	障害支援区分	
障害福祉サービス受給者証番号	○○○○○○○○○	利用者負担上限額	
地域相談支援受給者証番号	○○○○○○○○○	通所受給者証番号	

計画作成日	○年○月○日	モニタリング期間 （開始年月）	

利用者及びその家族の生活に対する意向（希望する生活）	母親が死んで何をどうしていいのかわからないので、どのように
総合的な援助の方針	日常生活を安定させて、目標に向けた生活スタイルを身につける
長期目標	日常生活を安定させて、自分の人生の目標に向けた生活スタイル
短期目標	生活技術を学び、自分の生活上の目標（例えば就労等）を見つけ

優先順位	解決すべき課題 （本人のニーズ）	支援目標	達成時期
1	お金を上手にやりくりしたい。	お金を計画的に使えるようになる。	6か月
2	炊事・洗濯・掃除の仕方、お金の使い方を覚えたい。	日常生活を送るうえでの基本的な力を身につける。	6か月
3	気楽に話ができる友だちをつくりたい。	お互いを理解しあえる友だちをつくる。	12か月
4	相談することで、困りごとを乗り越えたい。	困りごとを、相談支援専門員や担当職員に相談して、解決できるようになる。	12か月
5	ギターと歌を習う。	ギターと詩作を通して、生活に張り合いをもつ。	12か月

見直しポイント2　p.98参照

区分 2	相談支援事業者名	L 相談支援センター
○○円	計画作成担当者	○○ ○○

3 か月（○年○月）	利用者同意署名欄	埼玉　翔太　　　　　印

生活すればいいのか教えてほしい。

ことを支援する。

を身につける。

る。

福祉サービス等 種類・内容・量（頻度・時間）	課題解決のための 本人の役割	評価 時期	その他留意事項
L 相談支援センター 　翔太さんの希望する生活にあわせて、1 か月のお金の使い方を決める。	出納帳にいくら使ったかを書き留めておく。	6 か月	
居宅介護／家事援助（週 2 回：1 回 1 時間） 　翔太さんの希望に即した日課や週間スケジュールを作成する。炊事する日と宅配弁当等を利用する日を決める。	ヘルパーさんと一緒に活動しながら、教えてもらったことをノートに書いて覚える。	6 か月	居宅介護計画で日課や週間スケジュールが必要。
地域活動支援センター（週 1 回） 　地域活動支援センターのサークル活動に参加して、友だちを見つける。	サークル活動を通して、友だちを見つける。	6 か月	
L 相談支援センター　地域定着支援 　別途クライシスプラン（＊注）を作成して、緊急時の対応方法と、連絡する場合の連絡先を決める。	緊急時の対応方法を確認する。	6 か月	
週 1 回 　以前、親交のあったギタリストにギターと歌のレッスンを受ける。	ギターを弾いて、詩を書いて歌をうたう。	12 か月	

＊注　クライシスプラン：病状悪化時や困難が生じたときなど、本人にとって危機的な状況に陥ったときの対処法を本人と相談支援専門員、あるいは関係者が話し合って決めておく計画書のことです。いざというときの対処法をあらかじめ決めておくことは、安心した生活を送るうえでも重要です。

利用者及びその家族の生活に対する意向
（希望する生活）

見直し前

利用者及びその家族の生活に対する意向（希望する生活）
母親が死んで何をどうしていいのかわからないので、どのように生活すればいいのか教えてほしい。

ポイント解説

せっかく利用者の強い希望が発出されているのに、それらの言葉や表現を無視して記述している。本人の強い希望を記述することで、目標に向けて取り組むための内発的な動機を高める可能性の芽をつんでしまっている。

解説

　「本当は、ビッグスターになって世界を癒す歌をつくりたい」という利用者の希望は、今すぐには達成できない夢かもしれませんが、利用者にとっては強い希望（熱望）ですから、相談支援専門員はその気持ちを真摯に汲み取り、計画書にも記述することが重要です。

　見直し前の記述のように、相談支援専門員が自らの価値観で、「本人の希望は今すぐには達成できない」と判断することにより、利用者の困っていることを解決するための問題解決優先の計画書になってしまうことがあります。

　利用者の希望を無視していては、誠実な関係や信頼のある関係をつくることはできません。そればかりか、「どうせ自分の気持ちは誰もわかってくれない」「自分はこれからも孤独だ」という気持ちを強化してしまい、一層パワーレスな状態を招きかねません。

見直し 後

利用者及びその家族の生活に対する意向（希望する生活）

本当は、ビッグスターになって世界を癒す歌をつくりたい。でも、母親が死んで、ちょっとそれどころではなくなってしまった。何から始めればいいのかわからないので、まずは自分にあった生活スタイルを身につけたい。

ポイント解説

「本当は、ビッグスターになって世界を癒す歌をつくりたい」という利用者の人生の強い希望を記述している。このことにより、利用者との関係性の構築が図られ、希望が実現できない場合や目標に変化が生じる場合でも、信頼は醸成されやすくなるであろう。

解説

　見直し後では、「本当は、ビッグスターになって世界を癒す歌をつくりたい」という希望を叶えるために、自分にあった生活スタイルを身につけるということで、将来的な目標と現実的に取り組むことが結びついた計画になっています。これにより、本人の内発的な動機が高まることも期待できます。計画書には人生における本当の願い・希望・夢が描かれることが重要です。

　なお、「総合的な援助の方針」「長期目標」「短期目標」についても同様のことがいえるので、見直し後の計画で確認してください。

優先順位
解決すべき課題（本人のニーズ）
支援目標

見直し前

優先順位	解決すべき課題 （本人のニーズ）	支援目標
5	ギターと歌を習う。	ギターと詩作を通して、生活に張り合いをもつ。

ポイント解説

「ギター」や「歌」については、他人から見れば単なる趣味かもしれないが、本人にとっては重要なものである。「ギターと歌を習いたい」は、ニーズを達成するための手段であるので、目標が不明確になりやすい。

解説

　「利用者及びその家族の生活に対する意向（希望する生活）」から、「本当は、ビッグスターになって世界を癒す歌をつくりたい」という熱望を取り除いてしまったことで、「解決すべき課題（本人のニーズ）」にある「ギターと歌を習う」ことが生活の張り合いのためになっています。

　本人は生活の張り合いのためとも発言していますが、本人にとっては最も重要な「ギターと歌を習う」ことは「自分の世界観を取り戻すため」という視点が抜け落ちてしまいました。

見直し 後

優先順位	解決すべき課題 (本人のニーズ)	支援目標
1	もう一度、ギターと歌を習って、自分の世界観を確認したい。	ギターと詩作を通して、自分の世界観を確認する。

ポイント解説

最も重要な本人のニーズなので優先順位は第1位。「自分の世界観を確認したい」というのがニーズであり、本人の言葉で書かれているので、わかりやすくなっている。

解説

　相談支援専門員は、本人との対話と関係性のなかで見出された最も重要なニーズを優先順位の第1位とします。「自分の世界観を確認したい」という言葉は、本人の自らの新しい生き方を見つけるプロセスとしても重要であり、なおかつ情熱的な言葉としてとらえる必要があります。

　また、「その他留意事項」にある「翔太さんが、ギターを演奏し、歌をうたう機会を一緒につくる」という記述から、本人と相談支援専門員との関係が同じ目的に向かって対等であり、誠実であることがわかります。つまり、ここでの共感的理解は、信頼関係を育み、本人自身が新しい生き方を見つけるうえでも効果的な支援といえるでしょう。

福祉サービス等　種類・内容・量（頻度・時間）

福祉サービス等　種類・内容・量（頻度・時間）
地域活動支援センター（週1回） 　地域活動支援センターのサークル活動に参加して、友だちを見つける。

ポイント解説

友だちを見つける方法は、ほかにないだろうか。本人のストレングスにも着目して対話をしてみる。本人が望んでいる「気楽に話ができる友だち」はどんな人で、どんなふうに見つけるといいのか、具体的に記載する必要がある。

解説

　サービス等利用計画によく見受けられる記述です。
　相談支援専門員は、友だちをつくりたいという本人のニーズに対して、障害者同士の友だち・仲間づくりを優先して考える傾向があります。むしろここでは、どのような人とどんなふうに友だちになりたいのか。あるいは、これまでの友人関係はどうだったのか、どんなふうに友だちをつくってきたのか等のアセスメントが必要であり、そのうえで、本人のニーズに合った支援を考えることも重要です。

見直し 後

福祉サービス等　種類・内容・量（頻度・時間）
L 相談支援センター 　地域内のサークルや地域活動支援センター等を見学して、翔太さんが気楽に話のできる場所を探す。

ポイント解説

まずは、友だちをつくる前提を考える。どんなところで、どんな友だちをつくるのか。本人の過去の経験等にも焦点をあてることで、具体的な事柄につながり、目標が達成しやすくなる。

解説

　友だちをつくるために、ここでは、本人にとって気楽な場所を見つけることを優先しています。これは、「気楽に話ができるときには、いつの間にか友だちができていた」という本人の過去の経験に焦点をあてたものです。過去の経験は本人の重要なストレングスとなります。
　このように本人の希望を達成するためには、どのような段取りや環境設定が有効であるかを本人との対話と関係性のなかで見つけます。このように相談支援専門員が本人との関係性を重視して、一緒に取り組むことがわかるよう記述することも重要です。

見直し後　サービス等利用計画

サービス等利用計画

利用者氏名（児童氏名）	埼玉　翔太　様	障害支援区分	
障害福祉サービス受給者証番号	○○○○○○○○○○	利用者負担上限額	
地域相談支援受給者証番号	○○○○○○○○○○	通所受給者証番号	
計画作成日	○年○月○日	モニタリング期間 （開始年月）	
利用者及びその家族の生活に対する意向（希望する生活）	本当は、ビッグスターになって世界を癒す歌をつくりたい。でも、まずは自分にあった生活スタイルを身につけたい。		
総合的な援助の方針	ビッグスターになることを目標にしながら、自分にあった生活ス		
長期目標	自分がなりたいビッグスター像の輪郭がはっきりするよう、それ		
短期目標	ギターを弾いて、詩を書いて、自分の世界観を考える。生活技術		

優先順位	解決すべき課題 （本人のニーズ）	支援目標	達成時期
1	もう一度、ギターと歌を習って、自分の世界観を確認したい。	ギターと詩作を通して、自分の世界観を確認する。	12か月
2	お金を上手にやりくりしたい。	お金を計画的に使えるようになる。	6か月
3	炊事・洗濯・掃除の仕方、お金の使い方を覚えたい。	日常生活を送るうえでの基本的な力を身につける。	6か月
4	気楽に話ができる友だちをつくりたい。	お互いを理解しあえる友だちをつくる。	3か月
5	相談することで、困りごとを乗り越えたい。	困りごとを、相談支援専門員や担当職員に相談して、解決できるようになる。	12か月

区分2	相談支援事業者名	L相談支援センター
○○円	計画作成担当者	○○ ○○

3か月（○年○月）	利用者同意署名欄	埼玉 翔太　　　　　印

母親が死んで、ちょっとそれどころではなくなってしまった。何から始めればいいのかわからないので、

タイルを身につけるよう支援する。

に向けた取組みを行う。また、その目標を支えるための生活スタイルを身につける。

を学んで、自分にあった生活スタイルを徐々に身につける。

福祉サービス等 種類・内容・量（頻度・時間）	課題解決のための 本人の役割	評価 時期	その他留意事項
週1回 　以前、親交のあったギタリストにギターと歌のレッスンを受ける。	ギターを弾いて、詩を書いて歌を**うたって、自分の世界観を取り戻す。**	12か月	**翔太さんが、ギターを演奏し、歌をうたう機会を一緒につくる。**
L相談支援センター 　翔太さんの希望する生活にあわせて、1か月のお金の使い方を決める。	出納帳にいくら使ったかを書き留めておく。	**3か月**	
居宅介護／家事援助（週2回：1回1時間） 　翔太さんの希望に即した日課や週間スケジュールを作成する。炊事する日と宅配弁当等を利用する日を決める。	ヘルパーさんと一緒に活動しながら、教えてもらったことをノートに書いて覚える。	**3か月**	居宅介護計画で日課や週間スケジュールが必要。
L相談支援センター 　**地域内のサークルや地域活動支援センター等を見学して、翔太さんが気楽に話のできる場所を探す。**	気楽に話ができる場所を見つける。	**3か月**	**当面の目標は、気楽に話せる場所を探すこと。よく話を聞いて時に諭してくれる兄のような人と馬が合う。**
L相談支援センター　地域定着支援 　別途クライシスプランを作成して、緊急時の対応方法と、連絡する場合の連絡先を決める。	緊急時の対応方法を確認する。	**3か月**	

Case 7

4 ▶ 小目標がまとめにくい場合の計画作成

本人が生活している地域に福祉サービス等が少ない

事例概要

氏名・性別・年齢
氏名 道北 翔（男児）
年齢 11歳3か月

障害等
広汎性発達障害

家族構成
父親と姉と本人の3人暮らし

生活歴
　就学前相談の際に、児童相談所より発達障害の傾向があるとのことで診断を受けたが、知的にはそれほどの遅れがないとのことで、小学校では普通学級に在籍した。
　小学3年生のときに、病気により母親が急死。母親がいなくなった当初は、毅然とその事実を受け入れていたように見えたが、1年が過ぎた頃より学校の友だちとのケンカが多くなり、いつも一緒に遊んでいた友だちとのかかわりも少なくなっていった。
　母親は子育てにとても熱心で、亡くなる間際も2人の子どもの将来をとても心配していた。また、父親とは「2人が高校を卒業するまで、慣れ親しんだA町で一緒に過ごしてあげてほしい」との約束も交わしていた。
　姉は中学校在籍で弟想いだが部活動で忙しく、本人は小学校就学時より父親が仕事から帰宅する夕方6時30分くらいまでは、一人で留守番をしていることが多い。
　父親は、2人の子どものことは大好きであるが、子育てについては母親に頼りきりで、また、もとより仕事にも熱心であったため、翔くんと一緒に過ごす時間は少なかった。
　障害児相談支援につながった経緯は、翔くんが小学5年生に進級する間際の、教育委員会からA町保健師への「クラスでうまくいっていない児童がいるので相談に乗ってほしい」という一本の電話からであった。

情報の整理、ニーズの絞り込み・焦点化

　翔くんの小学校の先生からは、苦手な科目はあるものの、家庭学習も真面目にこなしており、学習における態度は良好との話が聞けている。一方で、母親が亡くなった間際には見られなかった感情の浮き沈みが4年生になると顕著にあらわれており、クラスメイトとのトラブルが増えているとのことである。

　父親は、母親と交わした「2人が高校を卒業するまで、慣れ親しんだいなか町で一緒に過ごしてあげてほしい」との約束を守り、翔くんの想いや願いに寄り添いたい気持ちはあるものの、母親が生きていた頃は、それらのかかわりをすべて任せきりにしていたこともあり、「何か話したいことはないのか？」「困ったことはないのか？」との父親からの問いかけにも「いや、何も……」との翔くんの歯切れの悪い返答で会話が終了となってしまうことが多かった。

　翔くん自身、母親が亡くなったことによる寂しさや苦しさを直接訴えることはなかったが、運動会や授業参観日、保護者が一緒に参加する学級レクリエーションなどの前後に感情の浮き沈みが多くみられることから、母親がいないことによる翔くんのこころの葛藤に対して、関係するスタッフがどのように向き合っていくのかが大切な視点となる。

　姉は、母親が亡くなったときは数か月ほど落ち込む様子が見られたが、中学校の友だちや部活動が支えとなりつらい時期を乗り越えてきた。部活動で朝早く出かけるときなど、弟の朝食を準備してくれたり、食材の買い出しや出前注文などの手伝いをしたりするなど簡単な家事はこなしてくれるものの、夏から秋にかけては部活動の忙しさもピークとなり、母親が担っていた家事全般を家族で分担し、こなすこともできなかった。また、そのようなこともあり父親は仕事場に対して事情を説明し、早めに退勤したり子どもの行事の際などには有給休暇を申請したりしていたが、父親自身が会社に対して負い目を感じてしまうといったパワレスな状況が続いていた。子どもも仕事も父親のやりがいとなっているため、その相互作用が父親のパワレスな状態とならないようサポート体制を築いていくことも大事である。

　一方で、個別支援がミクロの視点とするならば、個々のニーズに合わせてサポート体制を築き、また広く地域の社会資源として持続させていくといったメゾ・マクロな視点も重要となってくる。そのためには（自立支援）協議会を活用して、情報共有や協議の機会を定期的にもち、地域の福祉力の底上げにつなげていくことも計画を作成するにあたっての重要なポイントとしてとらえたい。

見直し前　サービス等利用計画

障害児支援利用計画

利用者氏名（児童氏名）	道北　翔　様	障害支援区分	
障害福祉サービス受給者証番号	○○○○○○○○○○	利用者負担上限額	
地域相談支援受給者証番号		通所受給者証番号	

計画作成日	○年○月○日	モニタリング期間 （開始年月）	

利用者及びその家族の生活に対する意向（希望する生活）	友だちと仲良く遊びたい。（翔くん） 自分の複雑な想いを誰かにわかってほしい。（翔くん） 翔が無理をせず、翔らしく生きていってほしい。（父親）
総合的な援助の方針	『翔』という名前の由来には、「たくましく成長し、大きく羽ばた　　　　お父さんや姉の手伝いを進んで行う翔くんの成長には目を見張る　　　　の苦手さや、自分の想いや要求の表現の仕方にも苦手さが見えて　　　　な想いも聞かれました。翔くんがたくましく成長し、大きく羽ば　　　　進路に対しての情報提供や、翔くんの特性に配慮した家族や関係
長期目標	放課後等デイサービスが安心できる居場所となる。
短期目標	放課後等デイサービスを楽しみながら、自分の想いや要求の仕方

優先順位	解決すべき課題 （本人のニーズ）	支援目標	達成時期
1	友だちと仲良く遊びたい。	新しい場所での活動を通じて、仲間やスタッフに慣れる。	3か月
2	自分の想いをわかってほしい。	翔くんが無理をせず、自分の想いや要求を伝えられるよう、さまざまな視点を用いてその背景を見極める。	6か月
3	見直しポイント 1　p.108 参照		
4	見直しポイント 2　p.110 参照		
5	見直しポイント 3　p.112 参照		
6	見直しポイント 4　p.114 参照		

	相談支援事業者名	KITA相談支援センター
○○円	計画作成担当者	○○　○○
○○○○○○○○○○		

3か月（○月○日）	利用者同意署名欄	道北　翔（道北　進　父代筆）　印

いてほしい！」というご両親の想いが込められているようです。母親が亡くなり1年が経ちますが、
ものがあります。その成長の一方で、知り合った当初は見られなかった友だちとのコミュニケーション
きました。翔くんとの対話のなかでは、小学校卒業後の進路の不安や、亡くなった母親に対しての複雑
たくためにも、翔くんの想いや要求に寄り添い、望ましい表現の仕方を学ぶとともに、小学校卒業後の
者からの声かけのあり方などを、本計画のポイントとして掲げます。

を学ぶ。

福祉サービス等 種類・内容・量（頻度・時間）	課題解決のための 本人の役割	評価 時期	その他留意事項
種類：放課後等デイサービス 内容：経験や体験、挑戦の機会を通じて、仲間やスタッフとの交友を深める 頻度：各月日数－8日	放課後等デイサービスの取組みや事業に、積極的に参加する。	1か月	
種類：放課後等デイサービス 内容：仲間やスタッフとの信頼関係を築き、翔くんらしい想いや要求の仕方を学ぶ 頻度：各月日数－8日	自分のやりたいことや、やりたくないことを、仲間やスタッフに伝える。	1か月	

❹ 小目標がまとめにくい場合の計画作成

解決すべき課題（本人のニーズ）
支援目標
福祉サービス等　種類・内容・量（頻度・時間）
課題解決のための本人の役割

見直し　前

解決すべき課題 （本人のニーズ）	支援目標	福祉サービス等 種類・内容・量（頻度・時間）	課題解決のための 本人の役割

ポイント解説

ニーズに対しての資源がなかったため、空欄となっている。ニーズがあるのに、何もしなくてよいのだろうか？　それでは本人との関係性がこわれやすくなる。

解説

　地域に福祉サービスが少ないということは、関連する情報に関しても、福祉サービスが充実している都市部との格差が生じている場合が多くあります。
　地域に福祉サービスが少ないということは、得てして関連する情報においても福祉サービスが充実している都市部との格差が生じます。一方的に情報を押しつけて選択を迫ることは望ましくありませんが、いつかの選択のために今からさまざまな情報にふれる機会を設けておくことは大切なことです。
　具体的には、相談支援事業所やサービス提供事業所など、専門機関からの情報提供に留まらず、本人や保護者が直面している課題を、実際に乗り越えてきた先輩保護者や、同じく直面している保護者との交流や情報交換など、互助の機会も大事にしていきたいものです。

見直し 後

解決すべき課題 （本人のニーズ）	支援目標	福祉サービス等 種類・内容・量（頻度・時間）	課題解決のための 本人の役割
小学校卒業後の進路を知りたい。（翔くん・父親）	小学校卒業後の進路について情報を得る。（翔くん・父親） 仕事と子育てを両立する。（父親）	種類：A町保護者交流会 内容：進路等の情報提供および保護者同士による茶話会（互助） 頻度：1回／月	進路先を見学・体験する。（翔くん） 家族のかかわりや進路などの不安を相談する。（父親）

ポイント解説

保護者の交流会や勉強会など、互助による情報共有の機会も大切にすることで、関係性を強めていくきっかけとなり、後の支援の基盤整備にもつながる。

解説

　互助による情報共有の機会を積極的に利用することで、当事者それぞれが抱える課題に、それぞれが適度なストレスをもって向き合えるようになる場合も少なくないのです。

　学校の特別支援教育コーディネーターや、身近な放課後等デイサービス事業所、お住まいの市町村や都道府県の保健師など、それぞれの地域における保護者の集いなどを所管していたり、情報をもっている場合が多くあります。とはいえ、当事者やその保護者に、相談支援専門員を介してそれらの情報を提供するだけでは、不安や緊張のあまり参加にためらいの姿勢をみせることもしばしばあります。

　知り合いの保護者に同行をお願いしたり、場合によっては相談支援専門員自らが同席するなど、当事者の不安や緊張を和らげることも、我々相談支援専門員の役割と思いたいものです。

見直しポイント 2

解決すべき課題（本人のニーズ）
支援目標
福祉サービス等　種類・内容・量（頻度・時間）
課題解決のための本人の役割

見直し 前

解決すべき課題 (本人のニーズ)	支援目標	福祉サービス等 種類・内容・量（頻度・時間）	課題解決のための 本人の役割

ポイント解説

ニーズに対しての資源がなかったため、空欄となっている。ニーズがあるのに、何もしなくてよいのだろうか？　それでは本人との関係性がこわれやすくなる。

解説

　既存のサービスありきで本人のニーズに寄り添おうとしても、そもそもの制度や提供事業所の取り決めなどにより、そのままでは活用しにくいことがあります。
　私たち相談支援専門員の専門性は、ケアプランニングではなく、ケアマネジメントです。つまり、ニーズに対してサービスありきでプランニングをすると、そもそもの制度や提供事業所の取り決めなどにより、本人を「サービス」や「時間」といった枠にはめてサポートしていくことになります。本人のニーズに対して、いわゆる「かゆい所に手が届く」といったサービスに改善・開発（マネジメント）していくことこそ、我々相談支援専門員の専門性が問われるのです。

見直し 後

解決すべき課題 (本人のニーズ)	支援目標	福祉サービス等 種類・内容・量（頻度・時間）	課題解決のための 本人の役割
自分の想いをわかってほしい。 （翔くん）	夕食後など、家族団らんのひとときを大切にする。翔くんのわがままや葛藤する想いを受け入れ、一緒に過ごす時間を大切にする。	種類：A町地域おこし協力隊 内容：安心できる環境づくり （相談・公的なサービスでは担えない家庭的なかかわり） 頻度：1回／週（水曜日）	自分のやりたいことや、やりたくないことを伝える。家庭的な雰囲気のなかでくつろぐ。

ポイント解説

「サービスによりサポートを受ける本人」と「家族のかかわりにより成長する子ども」という両視点を大切にすることで、関係性を強めていくきっかけとなり、後の支援の基盤整備にもつながる。

解説

　どんなに福祉サービスが少ない町であっても、「誰かのために、何かをしたい」と思っている人や団体が少なからずあります。身近なところでは、それぞれの地域におけるボランティア団体や協会などがあげられます。また、最近では、まちの福祉に力を注いでいる「地域おこし協力隊（総務省により制度化）」も数多くあります。具体的には、当事者や保護者に情報提供の確認と承諾を得たうえの行動となりますが、既存のサービスでは担えない面を明確にし、「いつ」「どこで」「どんな場面で」など具体的に提示し、サポートの体制を協議していくことになります。

　一方で、「誰かのために、何かをしたい」と思っている人や団体は、得てしてその想いが先行して、「こうあるべきだ」など押し付けのサポートとなってしまう場合があります。サポートの体制を協議する際は、福祉の専門職として、当事者やその保護者が歩んできた背景やストーリーを、サポートする側とともに受容し、共感していくプロセスを大事にしていきたいものです。

解決すべき課題（本人のニーズ）
支援目標
福祉サービス等　種類・内容・量（頻度・時間）
課題解決のための本人の役割

見直し 前

解決すべき課題 （本人のニーズ）	支援目標	福祉サービス等 種類・内容・量（頻度・時間）	課題解決のための 本人の役割

ポイント解説

ニーズに対しての資源がなかったため、空欄となっている。ニーズがあるのに、何もしなくてよいのだろうか？　それでは本人との関係性がこわれやすくなる。

解説

　私たち相談支援専門員の重要な役割として、サービスの改善・開発（マネジメント）があげられますが、見落としがちなのが「気づく」という視点です。
　私たちの周囲には、障害児・者福祉の目線から、よりフラットに地域住民の目線に移すことで、実は活用できる他職種・他分野における社会資源が数多くあることに気づかされます。そして、それらの社会資源は、目的が共有され、さらに諸々の条件さえ整えば、積極的に活用されることが強く望まれる場合も少なくないのです。

見直し　後

解決すべき課題 （本人のニーズ）	支援目標	福祉サービス等 種類・内容・量（頻度・時間）	課題解決のための 本人の役割
友だちと仲良く遊びたい。（翔くん）	家庭以外で翔くんが安心できる居場所を増やす。 目標を食におき（コミュニケーション能力に頼らない）、友だちとの交流の機会を増やす。	種類：A町　こども食堂 内容：A町の子どもを対象として、食を通じた安全・安心な居場所づくり 頻度：1回／2週（木曜日）	積極的に参加する。 友だちなど、自分が一緒に行きたい人を誘う。

ポイント解説

地域における「福祉」、つまり「しあわせ」や「ゆたかさ」をサポートする他職種・他分野のサービスにも気づくことが大切である。福祉サービスだけに偏らないことで、支援の質が高まっている。

解説

　「気づき」は、日常的に「リフレーミングの視点」「ストレングスの視点」を意識することで生まれてきます。それまで意識しなかった社会資源も、見方が変わると有効な社会資源として活用できることに気づきます。また、相談支援専門員だからこそ、障害児・者が、障害児・者福祉などの制度のなかで活かされるのではなく、地域のなかで主体的に生きるといった「障害児・者の福祉＜地域福祉」の関係も常に意識できなければいけません。

　これらのことから、「気づき」は一朝一夕に増えるわけではなく、我々相談支援専門員が日常的に自身の立ち位置や視点を振り返り、時に見直しを行ういった姿勢の先にあることが理解できるのです。

　加えて、それらの資源に気づき、調整し、活用することができれば、障害児・者福祉サービスの枠を越えて、一人の住民として地域と交わることが可能となるわけです。

見直しポイント 4

解決すべき課題（本人のニーズ）
支援目標
福祉サービス等　種類・内容・量（頻度・時間）

見直し 前

解決すべき課題 （本人のニーズ）	支援目標	福祉サービス等 種類・内容・量（頻度・時間）

ポイント解説

ニーズに対しての資源がなかったため、空欄となっている。ニーズがあるのに、何もしなくてよいのだろうか？　それでは本人との関係性がこわれやすくなる。

解説

　福祉のサービスは、その「内容」に加えて「評価される体制」と「持続性の担保」が重要になります。

　社会資源の改善・開発は、「同じようなニーズが一定量集まれば進む」といったプロセスにはありません。本来は、個々のニーズに対して向き合い、そして寄り添い、改善・開発された社会資源が、地域でさまざまな生きづらさを抱えた方々にとっても「役に立つ・必要とされる」といったプロセスにあります。ですから、せっかく改善・開発された社会資源が、その人だけのサポートに留まらず、地域の福祉力の底上げとなるよう継続されていくことが重要になるのです。

見直し 後

解決すべき課題 （本人のニーズ）	支援目標	福祉サービス等 種類・内容・量（頻度・時間）
親がいないときに安心して過ごせる場がほしい。（父親）	一人親家庭や、地域で生きづらさを抱えている子どもたちの状況を理解し、障害がなくても町としてサポートできる体制を協議する。	種類：A町（自立支援）協議会 内容：関係機関とともに地域の困りごとを共有し、社会資源の改善や開発について協議 頻度：1回／月

ポイント解説

（自立支援）協議会そのものが、大切な社会資源である。
これまで充足できなかった1人のニーズが、地域全体のニーズにつながっていく最初の「サービス等利用計画」になる可能性を有したことになる。

解説

　地域において改善・開発された社会資源の効果を、さまざまな視点（他職種）により評価および検証するといった（自立支援）協議会の役割をサービス等利用計画や障害児支援利用計画に明確に書き留めておくことは大切な視点となります。
　社会資源の持続性を担保するためには、「人」「場」「仕組み」の明確化が重要であると考えます。この「仕組み」には、開発・改善された社会資源を評価する役割も含まれるわけですが、（自立支援）協議会の大きな6つの機能のうちの『評価機能』においても「サービス等利用計画作成費対象者、重度包括支援事業等評価」がうたわれています。
　サービス等利用計画（障害児支援利用計画）の評価内容をもとに、同じく6つの機能のうちの『開発機能』により、地域の社会資源の開発や改善へとつながることは望ましいことですが、一方で、評価の役割として社会資源に携わる「人」への労いなども意識されることを願うところです。市町村の責務として、社会資源の開発・改善は「当然のこと」と評されるよりも、「頑張った」「ありがとう」と評されるほうが、その後のモチベーションにもつながるというものです。

見直し後 サービス等利用計画

障害児支援利用計画

利用者氏名（児童氏名）	道北　翔　様	障害支援区分	
障害福祉サービス受給者証番号	○○○○○○○○○	利用者負担上限額	
地域相談支援受給者証番号		通所受給者証番号	

計画作成日	○年○月○日	モニタリング期間 （開始年月）	

利用者及びその家族の生活に対する意向（希望する生活）	友だちと仲良く遊びたい。（翔くん） 自分の複雑な想いを誰かにわかってほしい。（翔くん） 翔が無理をせず、翔らしく生きていってほしい。（父親）
総合的な援助の方針	『翔』という名前の由来には、「たくましく成長し、大きく羽ばた（…）お父さんや姉の手伝いを進んで行う翔くんの成長には目を見張る（…）の苦手さや、自分の想いや要求の表現の仕方にも苦手さが見えて（…）な想いも聞かれました。翔くんがたくましく成長し、大きく羽ば（…）進路に対しての情報提供や、翔くんの特性に配慮した家族や関係（…）
長期目標	放課後等デイサービスが安心できる居場所となる。
短期目標	放課後等デイサービスを楽しみながら、自分の想いや要求の仕方

優先順位	解決すべき課題 （本人のニーズ）	支援目標	達成時期
1	友だちと仲良く遊びたい。（翔くん）	新しい場所での活動を通じて、仲間やスタッフに慣れる。	3か月
2	自分の想いをわかってほしい。（翔くん）	翔くんが無理をせず、自分の想いや要求を伝えられるよう、さまざまな視点を用いてその背景を見極める。	6か月
3	小学校卒業後の進路を知りたい。（翔くん・父親）	小学校卒業後の進路について情報を得る。（翔くん・父親） 仕事と子育てを両立する。（父親）	1か月
4	自分の想いをわかってほしい。（翔くん）	夕食後など、家族団らんのひとときを大切にする。 翔くんのわがままや葛藤する想いを受け入れ、一緒に過ごす時間を大切にする。	6か月
5	友だちと仲良く遊びたい。（翔くん）	家庭以外で翔くんが安心できる居場所を増やす。 目標を食におき（コミュニケーション能力に頼らない）、友だちとの交流の機会を増やす。	3か月
6	親がいないときに安心して過ごせる場がほしい。（父親）	一人親家庭や、地域で生きづらさを抱えている子どもたちの状況を理解し、障害がなくても町としてサポートできる体制を協議する。	3か月

	相談支援事業者名	KITA 相談支援センター
○○円	計画作成担当者	○○　○○
○○○○○○○○		

計画作成後 3 か月 （○月～○月）	利用者同意署名欄	道北　翔（道北　進　父代筆）　　　印

いてほしい！」というご両親の想いが込められているようです。母親が亡くなり 1 年が経ちますが、
ものがあります。その成長の一方で、知り合った当初は見られなかった友だちとのコミュニケーション
きました。翔くんとの対話のなかでは、小学校卒業後の進路の不安や、亡くなった母親に対しての複雑
たくためにも、翔くんの想いや要求に寄り添い、望ましい表現の仕方を学ぶとともに、小学校卒業後の
者からの声かけのあり方などを、本計画のポイントとして掲げます。

を学ぶ。

福祉サービス等 種類・内容・量（頻度・時間）	課題解決のための 本人の役割	評価 時期	その他留意事項
種類：放課後等デイサービス 内容：経験や体験、挑戦の機会を通じて、仲間やスタッフとの交友を深める 頻度：各月日数－8 日	放課後等デイサービスの取組みや事業に、積極的に参加する。	1 か月	
種類：放課後等デイサービス 内容：仲間やスタッフとの信頼関係を築き、翔くんらしい想いや要求の仕方を学ぶ 頻度：各月日数－8 日	自分のやりたいことや、やりたくないことを、仲間やスタッフに伝える。	1 か月	
種類：A 町保護者交流会 内容：進路等の情報提供および保護者同士による茶話会（互助） 頻度：1 回／月	進路先を見学・体験する。（翔くん） 家族のかかわりや進路などの不安を相談する。（父親）	1 か月	KITA 相談支援センターより開催の案内
種類：A 町地域おこし協力隊 内容：安心できる環境づくり（相談・公的なサービスでは担えない家庭的なかかわり） 頻度：1 回／週（水曜日）	自分のやりたいことや、やりたくないことを伝える。 家庭的な雰囲気のなかでくつろぐ。	2 週間	
種類：A 町　こども食堂 内容：A 町の子どもを対象として、食を通じた安全・安心な居場所づくり 頻度：1 回／2 週（木曜日）	積極的に参加する。 友だちなど、自分が一緒に行きたい人を誘う。	2 週間	隔週木曜日、地域のコミュニティサロンにて開催 献立や開催時間などは、まちの広報を参照
種類：A 町（自立支援）協議会 内容：関係機関とともに地域の困りごとを共有し、社会資源の改善や開発について協議 頻度：1 回／月		開催月	

Case 8　4 ▶ 小目標がまとめにくい場合の計画作成

総合的な援助の方針が曖昧なために、課題や支援目標が設定しづらい

事例概要

氏名・性別・年齢
氏名　西宮　太郎（男性）
年齢　20歳6か月

障害等
脳性麻痺による体幹機能障害、上肢機能障害、移動は電動車いすを使用。
言語は不明瞭なところもあるが、意思疎通は可能。
ゆっくりではあるが、パソコンを使ってワープロソフトの操作やインターネットができる。
身体障害者手帳1種1級、障害支援区分5

家族構成
4人暮らし
父：52歳・会社員、母：50歳、姉：25歳・会社員

生活歴
仮死状態で出生。生後5日間は保育器で経過観察。在宅では、保健師の訪問指導を受けることになる。

3歳のときに、保健師から市立療育センターへつながる。療育センターでは、小学校入学まで理学療法を中心に療育を受ける。小学校入学に際しては、就学判定において特別支援学級相当となった。小学校の間は交流学級にも参加しながら、卒業に至る。

先生からの勧めもあり、特別支援学校中学部へ進学し、高等部まで通うことになる。高等部を卒業するにあたり、進路を決定していくうえでは、両親の意向もあり、仲のよかった同級生が通うことになった生活介護事業所に行くこととなった。

生活介護事業所では、中学から始めたパソコンで絵を描く創作活動を行っている。
休みの日には、家族と一緒に買い物へ出かけることが楽しみとなっている。
本人は、今後も今の暮らしが続けばいいと思っている。

情報の整理、ニーズの絞り込み・焦点化

　特別支援学校の高等部卒業まで、障害福祉サービスを利用していなかったため、丁寧なアセスメントをしていく必要がある。もちろん、学校には、個別の教育支援計画等を見せてもらったり、元担任から話を聞くことも大切となってくる。

　アセスメントをする際には、既存のアセスメントシートを使って進めていくことも大切ではあるが、乳幼児期からの状況を聴いていくためには、サポートファイル（障害のある児童の保護者が作成する成長過程でのさまざまな情報を記録したもの。行政が作成し配布している）などの書式を使って、本人や家族と一緒に情報の整理をしていくことも有効である。

　高等部を卒業するからと生活介護事業所へやってきた本人に、今、何をしたいかということを聴くことも重要ではあるが、小学生のとき、中学生のとき、高校生のときにはどのような希望をもっていたのかということを聴き取っていくことも必要である。

　少なくとも、生活介護を利用するための福祉サービス等利用計画ではなく、本人がこれから先、どこでどんなふうに何をして暮らしていくのかを一緒に考えていくための本人中心支援計画でなければならない。
　よって、生活介護のサービスを足がかりにしながら、いろいろな可能性を本人や家族と一緒に探っていく必要がある。

　こういう視点をもつことで、自ずから、総合的な援助の方針が具体化してくると考える。さらに、モニタリングを重ねていくなかで、「総合的な援助の方針」「長期目標」「短期目標」の内容も具体化しながら変化していくはずである。

見直し前 サービス等利用計画

サービス等利用計画

利用者氏名（児童氏名）	西宮　太郎　様	障害支援区分	
障害福祉サービス受給者証番号	○○○○○○○○○○	利用者負担上限額	
地域相談支援受給者証番号		通所受給者証番号	

計画作成日	○年○月○日	モニタリング期間 （開始年月）	

利用者及びその家族の生活に対する意向（希望する生活）	毎日、生活介護事業所に通い、仲間と楽しく過ごす。好きなパソ
総合的な援助の方針	生活介護事業所に通い、仲間と楽しく過ごすという希望に沿える
長期目標	生活介護事業所に楽しく通えるよう、活動の幅ももてるように支
短期目標	生活介護事業所に毎日通えるよう、元気に過ごす。

優先順位	解決すべき課題 （本人のニーズ）	支援目標	達成時期
1	生活介護事業所に毎日通い、仲間と楽しく過ごしたい。	積極的に仲間と交流ができるように、自分から話しかけられるようになる。	6か月
2	パソコンでたくさん絵を描きたい。	無理をせず、緊張が強くなってきたときには、自分で休憩したいと言えるようになる。	6か月
3	休みの日には、家族と一緒に買い物へ出かけたい。	自分がどこに行きたいかを伝えられるように、生活介護事業所等で、いろいろな情報を得られるようにする。	6か月

区分5	相談支援事業者名	相談支援センターS
○○円	計画作成担当者	○○　○○

（6か月ごと） ○年○月～○年○月	利用者同意署名欄	西宮　太郎　　　　　　印

コンで絵を描いて、楽しむ。休みの日には、家族と一緒に買い物へ出かける。

よう、支援していく。　**見直しポイント1 ▶ p.122 参照**　　**見直しポイント2 ▶ p.124 参照**

援していく。買い物以外にも、外出の幅がもてるよう、選択肢を提示していく。

見直しポイント3 ▶ p.126 参照

福祉サービス等 種類・内容・量（頻度・時間）	課題解決のための 本人の役割	評価 時期	その他留意事項
生活介護　20日／月 　集団のプログラムと個別のプログラムの 　バランスを考える。	絵を描くだけではなく、自分から仲間にも話しかけていく。	6か月	
生活介護　20日／月 　何を描きたいのか、本人に確認しながら、 　題材となるものを提供していく。	描きたいものを職員に伝えて、題材探しに協力をしてもらう。	6か月	**見直しポイント4 ▶ p.128 参照**
土曜日もしくは日曜日のいずれかは、家族と 買い物へ行けるように家族と相談する。	自分の行きたいところを家族に伝える。	6か月	

総合的な援助の方針

見直し 前

総合的な援助の方針
生活介護事業所に通い、仲間と楽しく過ごすという希望に沿えるよう、支援していく。

ポイント解説

生活介護事業所に通い、仲間と楽しく過ごすという本人の希望について、相談支援専門員が具体的に聴き取っていきながら、その希望が生活介護事業所でしかできないのかという視点も考慮しておく必要がある。

解説

　生活介護サービスを利用する前提で「総合的な援助の方針」が書かれており、アセスメントなどをふまえたうえで、相談支援専門員としての見立ても加味しながら記述していきましょう。
　例えば、特別支援学校時代には、友人とどう過ごしてきたのか。また、何をすることが楽しいのか。これからは、どんなことをやっていきたいのか。または、漠然としか楽しいことがわかっていないのかということなどを整理していきましょう。

見直し 後

総合的な援助の方針

生活介護事業所に通いながら、これまであまり考えてこられなかった将来のことを考えていけるように支援していく。

ポイント解説

生活介護を利用したいという希望を受け止めつつ、相談支援専門員の見立ても加味している。プランを説明するときには、利用者の気持ちや反応に注意し、今すぐに取り組めることかどうかに配慮する必要がある。

解説

　これまで、福祉サービスを利用してこなかったことや本人の意向もしっかりと確認できないまま、生活介護の利用に至っている現状をふまえると、生活介護を利用するなかで、本人の希望や意思を確認していくことが大切になってきます。
　相談支援専門員は、太郎さんができていることなどをもっと評価しつつ、これからは、一人の大人として、自分の暮らし方を考えていく提案と、それを一緒に考えていくのが相談支援専門員の役割であるということも、太郎さんに伝えておきたいところです。

見直しポイント 2

長期目標

見直し 前

長期目標

生活介護事業所に楽しく通えるよう、活動の幅ももてるように支援していく。買い物以外にも、外出の幅がもてるよう、選択肢を提示していく。

ポイント解説

計画作成の留意点として押さえておきたいことは、サービスを利用するための計画となってはならないということ。障害のない同年代の人と同様に、暮らしのなかにいろいろな場面や可能性があることに着目する。

解説

　外出支援の広がりについてふれられている点はよいと思いますが、生活介護事業所に通い続ける前提であるということ、そして、「楽しく通う」という抽象的な表現になっていることに注意しましょう。
　太郎さんにとって何が楽しいことなのか。そのことが、生活介護事業所で実現できるのか。そもそも「通う」ことが目的とならないように、太郎さんの意思を確認していくことが大切です。

見直し 後

長期目標
生活介護事業所で、活動の幅をもちながら、これからいろいろなことに挑戦していく。買い物以外にも、外出の幅がもてるよう、選択肢を提示していく。

ポイント解説

なんとなく、通所し始めた生活介護事業所ではあるが、主体的に生活介護事業所での取組みを展開していくなかで、次の暮らしにつながるようにエンパワメントを引き出す視点に注目する。

解説

　生活介護事業所での活動を通して、いろいろなことに挑戦していくことで、本人の意欲や可能性が高まっていくような目標設定が必要です。
　もちろん生活介護事業所での取組みですから、グループでのプログラムも大切ですが、一人ひとりの希望に応じた個別のプログラムも必要となってきます。これら方向性の確認など、個別支援会議を開催して、本人を中心に押さえていくことが大切になってきます。

見直しポイント 3

短期目標

見直し 前

短期目標
生活介護事業所に毎日通えるよう、元気に過ごす。

ポイント解説
特に短期目標では、具体的に提示することが大切です。抽象的で終わりのない目標設定にならないように注意！

解説
　毎日通うことが目標ではなく、通って「何をするか」ということが目標になります。特に「元気に過ごす」は、何をもって元気なのかがわかりにくい表現です。
　相談支援専門員は、アセスメントのなかで、生活介護事業所に通所する目的を具体的に聴き取っていくことが必要となります。仮に、そのことが曖昧であるとしたら、その曖昧なことを具体的にしていく取組みを目標にすることも大切なことだと考えます。

見直し 後

短期目標
生活介護事業所の活動を1週間ごとに職員と振り返り、次の活動目標を立てていく。

ポイント解説
支援目標に注目!!
太郎さんが主体的に取組みを進めていくための支援が大切となる。

解説
「短期目標」は、特に本人にもわかりやすくする必要があります。具体的には、「支援目標」に記載している内容について、1週間ごとに、3か月くらいの短いスパンで本人と一緒に振り返りながら次につなげていくことが大切になってきます。そのためにも、次回のモニタリングは、2～3か月後に行うことにするほうがよいでしょう。また、「その他留意事項」でも次回の会議で検討していくことを確認しておきましょう。

また、モニタリングの会議では、太郎さんの達成度と生活介護事業所の職員の達成度を確認していくことも大切となってきます。

その他留意事項

見直し 前

その他留意事項
＜未記載＞

ポイント解説

次回のモニタリングに向けての留意事項を明確にしておくことが大切。

解説

　サービス等利用計画には、フォーマルな支援やサービス以外のインフォーマルな支援やサービスももちろん記載します。当然、その支援についても、モニタリングをしていく必要があります。
　それらをふまえて、太郎さんにとって、暮らしの広がりを見越したうえで、モニタリングを重ねていくことも重要となってきます。

見直し 後

その他留意事項
次回のモニタリングでは、家族以外の人とも外出できるか、考えてみる。

ポイント解説

長期目標に注目!!
「家族以外の人」を記載して支援者を増やしていくことや、暮らしの広がりに着目していく。

解説

　家族の支援で成り立っている外出も、自立の一歩としていろいろな方法があるということを少しずつ伝えていくことが大切です。
　それは、20歳という年齢に応じた暮らしぶりにも焦点を当てながら、太郎さんがこれから一人の大人としてどう生きていくかということを、みんなで考えていくきっかけにしていくことも大切ではないでしょうか。

見直し後　サービス等利用計画

サービス等利用計画

利用者氏名（児童氏名）	西宮　太郎　様	障害支援区分	
障害福祉サービス受給者証番号	○○○○○○○○○○	利用者負担上限額	
地域相談支援受給者証番号		通所受給者証番号	
計画作成日	○年○月○日	モニタリング期間（開始年月）	
利用者及びその家族の生活に対する意向（希望する生活）	毎日、生活介護事業所に通い、仲間と楽しく過ごす。好きなパソ		
総合的な援助の方針	生活介護事業所に通いながら、これまであまり考えてこられなか		
長期目標	生活介護事業所で、活動の幅をもちながら、これからいろいろな		
短期目標	生活介護事業所の活動を1週間ごとに職員と振り返り、次の活動		

優先順位	解決すべき課題（本人のニーズ）	支援目標	達成時期
1	生活介護事業所に毎日通い、仲間と楽しく過ごしたい。	積極的に仲間と交流ができるように、自分から話しかけられるようになる。	3か月
2	パソコンでたくさん絵を描きたい。	無理をせず、緊張が強くなってきたときには、自分で休憩したいと言えるようになる。	3か月
3	休みの日には、家族と一緒に買い物へ出かけたい。	自分がどこに行きたいかを伝えられるように、生活介護事業所等で、いろいろな情報を得られるようにする。	3か月

区分5	相談支援事業者名	相談支援センターS
○○円	計画作成担当者	○○　○○

（3か月ごと） ○年○月～○年○月	利用者同意署名欄	西宮　太郎　　　　　　　印

コンで絵を描いて、楽しむ。休みの日には、家族と一緒に買い物へ出かける。

った将来のことを考えられていけるように支援していく。

ことに挑戦していく。買い物以外にも、外出の幅がもてるよう、選択肢を提示していく。

目標を立てていく。

福祉サービス等 種類・内容・量（頻度・時間）	課題解決のための 本人の役割	評価 時期	その他留意事項
生活介護　20日／月 　集団のプログラムと個別のプログラムのバランスを考える。	絵を描くだけではなく、自分から仲間にも話しかけていく。	3か月	1週間ごとに職員と活動を振り返る。
生活介護　20日／月 　何を描きたいのか、本人に確認しながら、題材となるものを提供していく。	描きたいものを職員に伝えて、題材探しに協力をしてもらう。	3か月	1週間ごとに職員と活動を振り返る。
土曜日もしくは日曜日のいずれかは、家族と買い物へ行けるように家族と相談する。	自分の行きたいところを家族に伝える。	3か月	次回のモニタリングでは、家族以外の人とも外出できるか、考えてみる。

4 小目標がまとめにくい場合の計画作成

Case 9
解決すべき課題の優先度がつけづらい

事例概要

氏名・性別・年齢
氏名　三河　太郎（男性）
年齢　45歳

障害等
知的障害（療育手帳B、障害基礎年金2級受給）

家族構成
母（80歳・無職）、兄（55歳・会社員・未婚）、弟（40歳・会社員・未婚）、妹（38歳・無職・離婚歴2回あり）、甥（妹の子・15歳・中学3年・療育手帳C所持）と本人の6人暮らし

生活歴
　○○市で出生。小学校では普通クラスに所属するも成績は低調。中学校では特別支援学級に所属。母によれば吃音がひどく、同級生に（ケガをするほどの）ひどいいじめを受けていたという。
　中学校卒業と同時に建具店に住み込みで働き出すも6か月で退職。ここでも親方（経営者）からの体罰などがあったようで、逃げ出すように辞めてきたという。
　その後は、兄や弟の勤務する会社に頼み、兄や弟と一緒に働いたり、妹の夫の経営する会社の工場などで働いたりしてきた。しかし、指示された仕事がうまくできなかったりして転退職・無職を繰り返してきた。
　30歳の頃、生活保護の相談に訪れた際に、○○市障害福祉課担当者の支援を得て障害基礎年金受給申請をして2級を受給。
　40歳の頃、福祉サービス利用についてにこにこ相談支援事業所（委託）がかかわったが、利用にはつながらなかった。
　このたび、自ら○○市障害福祉課に相談に行き「明日からでもすぐに働きたい。そうしないと大変なことになる」などと訴えるため、○○市障害福祉課担当者の「まずはニーズ（課題）の整理が必要」との見立てから、相談支援事業所へ紹介された。
　同時に「家族から離れて暮らしたい」と強く訴えるので、障害支援区分認定調査を実施することも予定した。

情報の整理、ニーズの絞り込み・焦点化

（情報の整理）
- 本人との面談を早急に行う。相談当初は「早く働きたい」「何でもできるのでどんな仕事でもいいから紹介してほしい」などと焦った様子で話した。急に金銭が必要になったため就職したいということだった。
- 話を続けると、多額の借金をしており、それを障害基礎年金により返済してきたが、最近はそれだけでは不足し、さらにお金が必要だという。ただし、本人は正確な金額を理解していなかった（その後、80万円程度と判明）。
- 借金は自ら必要なために行ったのではなく、兄や弟、妹の飲食費、遊興費や兄弟の借金返済のためにしていた。
- 本人は「借金のことを話すと弟に暴力をふるわれる」とおびえた表情で話す。
- 「怖い兄弟から離れて暮らしたい」「友だちがいない」「自分で好きなものを買ったり、外食したりすることはほとんどできない」などと、現在の生活に不安や不満をもっていることが徐々にわかってきた。
- 外出することもほとんどなく、また、趣味やスポーツなどの楽しみもなく、友人もいないこともわかってきた。
- これからの暮らしについては、「友だちがほしい」「彼女がほしい。結婚したい」などと話した。

（ニーズの絞り込み・焦点化）
　家族との関係性、これまでの就労状況、借金などの経済状況（兄弟含む）を考慮し、3つに絞り込む。
　① 一般企業への就職
　　　経済的な困窮度は高く、借入金に対する重圧感は暮らしそのものに対する自信のなさに表れている。一方で、本人の就労に対する意欲も高いので、その意欲を大切にしつつ就労に向けての支援を開始することが必要である。
　② 借入金の整理
　　　借入金の残高などがわかっていない。成年後見センターの協力を得て、借入金の正確な把握をしたうえで、返済計画を立てる。今後は借用しなくてもいいように生活の安定を図る。また、兄弟妹にも借入金があるようなので、家族全体の家計の立て直しも想定しておくことが必要である。
　③ 暮らしの安定
　　　自ら望んだ暮らしをしていないようだ。明確に友だちがほしいなどと話すので、その思いを計画の中心に据えて、支援することが就職や新たな暮らし（家族から離れた暮らし）へのモチベーションとなることが想定される。また、兄弟妹と借入金を理由に関係性が悪化しているようなので、その調整も必要になる。

見直し前 サービス等利用計画

サービス等利用計画

利用者氏名（児童氏名）	三河　太郎　様	障害支援区分	
障害福祉サービス受給者証番号	○○○○○○○○○	利用者負担上限額	
地域相談支援受給者証番号		通所受給者証番号	

計画作成日	○年○月○日	モニタリング期間（開始年月）	
利用者及びその家族の生活に対する意向（希望する生活）	・明日からでもすぐに働きたい。何でもできるので、どんな仕事 ・自宅では、兄や弟、妹からうるさく言われるので、自宅から離 見直しポイント 2 ▶ p.138 参照		
総合的な援助の方針	一般企業もしくは就労継続支援A型事業所で働くことができるよ		
	長期目標	就労支援機関（公共職業安定所、障害者就業・生活支援センター 家族から離れて暮らしていけるようにしましょう。	
	短期目標	まずは就労支援事業の利用を開始して訓練を利用できるようにし	

優先順位	解決すべき課題 （本人のニーズ）	支援目標	達成時期
1	就職したい。	就職できるように支援します。 見直しポイント 4 ▶ p.142 参照	1か月
2	家族から離れて暮らしたい。	家族から離れて暮らすため、まずは、グループホームでの体験をしてみましょう。	3か月
3			
4			

区分1	相談支援事業者名	Z障がい者支援センター
○○円	計画作成担当者	○○　○○

毎月（○年○月○日）	利用者同意署名欄	三河　太郎　　　　　　　印

でもいい。お金を稼いで、借りたお金を返したい。
れて暮らしたい。

見直しポイント1 ▶ p.136 参照

う、就労支援機関（公共職業安定所、障害者就業・生活支援センターなど）と連携して支援します。

など）と連携して働くことができるよう支援し、生活の場（グループホームや単身生活）を確保して、

ましょう。

見直しポイント3 ▶ p.140 参照

福祉サービス等 種類・内容・量（頻度・時間）	課題解決のための 本人の役割	評価 時期	その他留意事項
就労移行支援事業 　　平日　午前9時～午後4時 　　職場実習	決められた作業をしっかり行いましょう。	6か月	
共同生活援助（グループホーム）	家族から離れた生活を体験しつつ、友だちをつくるようにしましょう。	3か月	

見直しポイント 1

利用者及びその家族の生活に対する意向（希望する生活）

見直し 前

利用者及びその家族の生活に対する意向（希望する生活）
・明日からでもすぐに働きたい。何でもできるので、どんな仕事でもいい。お金を稼いで、借りたお金を返したい。 ・自宅では、兄や弟、妹からうるさく言われるので、自宅から離れて暮らしたい。

ポイント解説

「働きたい」という言葉にとらわれすぎている。「兄や弟、妹からうるさく言われるので」と家族に対する否定的な言葉づかいがなされていて、兄弟妹との関係性が悪化するおそれがある。

解説

　本人からの言葉は大変重要ですが、それだけをもってニーズとしてしまうことは、本来のニーズとはいえません。本人のもっている背景を配慮し、転職したり離職したりしたときの理由を本人に聞いたり、家庭環境やそこで暮らす本人の表情を家庭訪問により見い出すことで、生きづらさに焦点を当てたニーズを見つけ出しましょう。

　サービス等利用計画は、本人のほか場合によってはその家族も見る可能性があります。否定的な言葉づかいは極力避け、本人の意向を尊重した表現にすることで、本人の自己肯定感を高めるように工夫します。

見直し 後

利用者及びその家族の生活に対する意向（希望する生活）

・就職して安定した収入を得て暮らしていきたい。借入金があるので、それも返済し終えたい。
・これまで親兄弟と暮らしてきたが、離れて暮らしたい。友人も多くつくって結婚したい。家庭を築きたい。

ポイント解説

「友人をつくりたい」「結婚したい」「家庭を築きたい」などの将来に向けた希望を記載していることで、生活を変えることや、努力する気持ちを引き出す期待が高まります。

解説

　サービス等利用計画は本人の希望に沿った「総合支援計画」であり、かつ「将来計画」であることから、将来的な夢、希望なども取り入れていくことが必要です。
　働いて収入を得ることにより自分で決めて外食に出かけたりすることや、異性の友だちをつくって将来的には結婚し家庭を築くことなど、相談支援専門員から具体的に語りかけることで本人にイメージしやすいようにします。
　また、このケースでは「働く」ためには、「まず、何をする」のか。スモールステップで段階的な目標を一緒に考えるという姿勢が求められます。

見直しポイント 2

総合的な援助の方針

見直し 前

総合的な援助の方針

一般企業もしくは就労継続支援A型事業所で働くことができるよう、就労支援機関（公共職業安定所、障害者就業・生活支援センターなど）と連携して支援します。

ポイント解説

就労支援機関による支援のみに関する方針にとどまっていて、総合的な生活支援の視点に立っていない。いつ、どこで、誰が、何で生計を立て、どのように暮らすのかというイメージがもちづらい。

解説

　この欄においても、「利用者及びその家族の生活に対する意向（希望する生活）」と同様、本人の言葉である「働きたい」ということをもとに、就労支援に特化した支援になってしまっています。このケースは就職することだけでは解決できない課題を抱えています。就労、生活、権利擁護にかかる支援を加えた行動方針とする必要があります。

見直し 後

総合的な援助の方針

家族から離れて、一般企業で働くことができるよう、グループホームや就労支援機関（公共職業安定所、障害者就業・生活支援センターなど）と連携して支援します。また、経済的に困っていること（借入金のこと）については、専門機関に相談をもちかけて解決できるよう支援します。

ポイント解説

就労支援のほか、借入金の返済についても記載している。
借入金の返済については、地域の実情に基づいて社会福祉協議会、弁護士、司法書士など具体的に固有の機関名・職種を記載できるとよい。

解説

　本人のあせっている様子から、就労支援にとどまらず、生活面のこと（特に借入金のこと）について、支援することは大変重要です。
　事前に本人の了解を得たうえで、障害の特性や家族関係の状況をつなげようとする専門機関に伝えておくと、その後の支援に有効でしょう。また、可能な限り専門機関との相談の場面に相談支援専門員も同席するようにしましょう。

見直しポイント 3

短期目標

見直し前

短期目標
まずは就労支援事業の利用を開始して訓練を利用できるようにしましょう。

ポイント解説
借入金のことで弟に暴力をふるわれるなど、訓練に集中して取り組む環境が整っていないので、目標が達成されないことが予想される。

解説

　この段階で就労に関する訓練を始めても、すぐに働くことは困難でしょう。また、集中して取り組む家庭環境も整っていません。

　就労訓練に集中して取り組めるよう弟の暴力を止めることや、借入金の返済に見通しを立てることが必要です。

　具体的には、弟を交えて家族と面談を行い、まずは暴力を止めることに注力することが必要です。また、今後の返済がスムーズにいくように、返済のための専門機関に提供する情報として借入金の残高がどれだけあるか、毎月の生活費がどの程度必要なのかについて、なるべく正確に把握しておくことが求められます。

見直し 後

短期目標

借入金の返済計画を立て、安心して暮らしていけるようにし、まずは自宅の外で活動して友だちをつくり楽しめる機会をもちましょう。

ポイント解説

借入金をすぐには返済できないので、返済の見通しを立てることが重要である。
借入金の返済を見通せることで、安心して暮らせるようになり、また、就労訓練にも集中して従事できるようになる。

解説

「短期目標」は、なるべく早く効果が現れ、本人のニーズに合ったものをすえることが、その後の自立した暮らしへのモチベーションを高めることになります。
このケースにおいては借入金に対する本人の心配を解消することが弟らとの関係性改善のためにも最も優先されるべきでしょう。

見直しポイント 4

優先順位
支援目標

見直し 前

優先順位	支援目標
1	就職できるように支援します。
2	家族から離れて暮らすため、まずは、グループホームでの体験をしてみましょう。

ポイント解説

解決すべき課題に対し、障害福祉サービスの利用だけにとどまった計画になっている。福祉サービスだけで支援するという偏りがみられる。

解説

　借入金の返済が最も優先して解決されるべき課題ですが、その点について、盛り込まれていません。これでは就労に関する訓練も途中で中止する可能性が高いでしょう。

　また、障害福祉サービスの利用にとどまっていて、サービス等利用計画の特徴の一つである「ネットワークによる協働」が配慮されていません。

　この場合には、まずは借金返済のための専門機関（弁護士、司法書士、成年後見センター、社会福祉協議会の日常生活自立支援事業担当者等）との協働、そして、次に就労支援機関（ハローワーク、障害者職業センター、障害者就業・生活支援センター、障害者職業能力開発校等）との協働を意識した計画作成が求められます。

見直し 後

優先順位	支援目標
1	借入金の額を正確に把握し、返済計画を立てましょう。
2	地元の当事者グループへの参加や日中活動の場に参加して友だちができるように支援します。
3	一般企業に就職できるように支援します。
4	家族から離れて暮らすため、まずは、グループホームでの体験をしてみましょう。

ポイント解説

借入金返済に見通しを立てることが最も安定した生活につながり、支援者が福祉以外に広がることで、新たな可能性に期待できるものとなっている。

解説

「借金のことで弟に暴力をふるわれる」ことにおびえていることから、まずは、借入金返済について見通しを立てることが必要です。働くなどしてすぐに返済できればいいのですが、この場合、すぐには見込めません。そこで借入金の返済については、成年後見や日常生活自立支援事業にかかわる社会福祉協議会、もしくは、弁護士、司法書士などの専門家に相談し、処理をしていくことが求められます。そこで、それらと連携して対応することをサービス等利用計画に盛り込むことが必要です。ここでは、社会福祉協議会にある権利擁護センターに支援を求め、真っ先に借入金の返済計画を立ててもらうようにしました。安心して暮らし、かつ、就労に関する訓練に専念できるように環境を整えることが必要です。そして、「将来計画」として、夢、希望に向けての第一歩として、グループホームの体験を取り入れました。

見直し 後　サービス等利用計画

サービス等利用計画

利用者氏名（児童氏名）	三河　太郎　様	障害支援区分	
障害福祉サービス受給者証番号	○○○○○○○○○○	利用者負担上限額	
地域相談支援受給者証番号		通所受給者証番号	
計画作成日	○年○月○日	モニタリング期間（開始年月）	
利用者及びその家族の生活に対する意向（希望する生活）	・就職して安定した収入を得て暮らしていきたい。借金があるの ・これまで親兄弟と暮らしてきたが、離れて暮らしたい。友人も		
総合的な援助の方針	家族から離れて、一般企業で働くことができるよう、グループホ また、経済的に困っていること（借入金のこと）については、専		
長期目標	就労支援機関（公共職業安定所、障害者就業・生活支援センター 家族から離れて暮らしていけるようにしましょう。		
短期目標	借入金の返済計画を立て、安心して暮らしていけるようにし、ま		

優先順位	解決すべき課題（本人のニーズ）	支援目標	達成時期
1	借入金を整理して返済したい。	借入金の額を正確に把握し、返済計画を立てましょう。	1か月
2	友だちがいないので、友だちをつくって、休日などは遊びに出かけたい。	地元の当事者グループへの参加や日中活動の場に参加して友だちができるように支援します。	1か月
3	就職したい。	一般企業に就職できるように支援します。	1か月
4	家族から離れて暮らしたい。	家族から離れて暮らすため、まずは、グループホームでの体験をしてみましょう。	3か月

区分1	相談支援事業者名	Z障がい者支援センター
○○円	計画作成担当者	○○　○○
毎月（○年○月○日）	利用者同意署名欄	三河　太郎　　　　　印

で、それも返済し終えたい。
多くつくって結婚したい。家庭を築きたい。

ームや就労支援機関（公共職業安定所、障害者就業・生活支援センターなど）と連携して支援します。
門機関に相談をもちかけて解決できるよう支援します。

など）と連携して働くことができるよう支援し、生活の場（グループホームや単身生活）を確保して、

ずは自宅の外で活動して友だちをつくり楽しめる機会をもちましょう。

福祉サービス等 種類・内容・量（頻度・時間）	課題解決のための 本人の役割	評価 時期	その他留意事項
○○市社会福祉協議会権利擁護センター（成年後見、日常生活自立支援事業など） 　借入金の整理について相談	正確に、詳しく借入金を知るために、契約書や借入の明細書などを家族にも協力してもらいながら調べましょう。また、それを成年後見センターに持って行きましょう。	1か月	新たな借入をしないように。どうしても必要な場合は相談支援専門員○○に事前に相談してください。
地域活動支援センター 　平日　午前9時頃～午後4時頃 ○○市育成会　当事者部会 　毎月1回	最初は知らない人ばかりで緊張するかもしれませんが、支援者らに応援してもらい、同年代の人たちの友人をつくりましょう。	3か月	
就労移行支援事業 　平日　午前9時～午後4時 　職場実習　求職活動	一般企業に就職できるよう毎日通所してください。また、提示される職場実習に積極的にチャレンジしてください。	3か月	借入金の返済計画を立ててから利用開始するようにしましょう。
共同生活援助（グループホーム） 　【体験利用】1週間程度	家族から離れた生活を体験しつつ、友だちをつくるようにしましょう。	3か月	就労移行支援事業の利用が始まってから体験しましょう。

Case 10

4 小目標がまとめにくい場合の計画作成

公的な福祉サービスだけでは課題の解決には至らない

事例概要

氏名・性別・年齢
氏名 青空　あき（女性）
年齢 25歳

障害等
知的障害（中度）・統合失調症

家族構成
母親との2人暮らし。姉家族は、県外在住

生活歴
　両親と姉の4人暮らしをしていた。父親は忙しく、あまり家にはいなかった。
　両親共働きで、保育園時代も延長保育が多かった。3歳違いの姉は、面倒見がよく、一緒に遊んでくれた。保育園年長の就学相談により、発達の遅れから特別支援学級と療育手帳の取得をすすめられたが、母親は受け入れられずそのまま入学となった。
　小学2年生の夏休み明けから、学習についていけないことでの相談が何度かあり、特別支援学級へ入級となり、中学校卒業まで特別支援学級で学んだ。中学校卒業時、特別支援学校高等部への進学をすすめられ、療育手帳を取得した。
　特別支援学校高等部へは、公共交通機関を利用して、休むことなく3年通学した。
　高等部卒業時、障害者雇用の理解がある企業への就職が決まり、母親の送迎で就労を開始した。仕事は企業内の間接業務で、事務担当者のサポートのもとで熱心に行っていた。
　就職から2年目に父親が病気で他界し、すでに姉は嫁いでいたので、母親との2人暮らしが始まったが、この頃より体調不良が続き仕事に行けなくなり、自宅生活が中心となっていた。福祉事務所を通じて相談が開始されたのは、それから、2年半後のことであった。母親の願いは、「早く元気になって、職場に復帰してほしい」であった。
　就職先の会社は、制度を利用して休職となっていた。
　初回訪問では、本人とは言葉を交わすことはなかったが、母親の意向もあり定期訪問を続け、半年後に母親より「活動場所を探してほしい」と希望が聞かれはじめた。

情報の整理、ニーズの絞り込み・焦点化

　仕事に行けなくなってからは、自宅で一人、テレビやビデオを見て過ごす生活が中心となっていたが、本人から不安や意向を聞くことはできなかった。また、言葉数も減った本人の様子を心配した母親の意向で、1年前より精神科病院へ本人の通院を開始しており、本人は服薬をしていた。

　母親は、「早く元気になって、職場に復帰してほしい」という職場復帰の気持ちが強かったが、精神科受診により「無理させないほうがよい」との主治医の意見や、定期訪問による相談支援専門員との相談で、本人が負担とならない方法も考えなければならないと思い始めていた。母親の応援にこたえ、「いくつもの出来事を乗り越えてこられた娘だから、今度もきっと頑張ってくれる」と思っていた自分が間違っていたのか、と受け止めながらも「大きな壁をいくつも一緒に乗り越えてきた頑張りを否定されたくはない」と悩んでいる母親の心情を大切に受け止めることにした。

　一方、母親の意向を受けながら地域活動支援センターや就労継続支援B型事業所など、軽作業活動ができる事業所へ母親にも同行してもらい、見学を繰り返したが、本人は全く興味を示すことはなかった。相談支援専門員が定期訪問を繰り返すなかでは、お茶を入れてくれるようになり、稀に一緒に散歩に出かけて、ポツリと本音を語り出すことがあった。

　「あの小学校には行きたくない」。「一人でずっと、家で待っているのはつらい」。「仕事は、嫌じゃなかった」。「悲しいことがいっぱいあった」。「自分がわからなくなっている」。「好きな歌手がいる」。「夜はご飯を食べたら寝る」。

　高等部当時の先生からは、「がんばり屋さんだった。無理して頑張る印象が強かった」と情報を受け取った。

　父親の他界後も、母親は一生懸命働いていた。本人は職場復帰ができず退職となり、経済的な心配も生じるなか、医療費の減免以外に障害年金受給の手続きなどは行っていない状況であり、生活支援にも視点を当てて、母親との2人の生活への応援をテーマとした。母親の不安やこれまでの頑張りをしっかり肯定した相談支援を届けること。そして、これまで乗り越えてきた本人の頑張りがとても大変な道のりであったことを共有し、医療やこれから出会う支援者との関係性を深めていくための支援方針を示すことにした。

見直し前　サービス等利用計画

サービス等利用計画

利用者氏名（児童氏名）	青空　あき　様	障害支援区分	
障害福祉サービス受給者証番号	○○○○○○○○○○	利用者負担上限額	
地域相談支援受給者証番号		通所受給者証番号	

計画作成日	○年○月○日	モニタリング期間（開始年月）	
利用者及びその家族の生活に対する意向（希望する生活）	これまで頑張ってきています。数年前から身体の調子がよくなく、さいと言っています。私が働ける場所を一緒に見つけてもらいた		
総合的な援助の方針	不安な今の生活から、次の生活や活動に向かう思いをしっかり受をかけて探していく。		
長期目標	好きなことを話せる人・嫌だったことを話せる人・迷ったり困っ		
短期目標	慣れるためにも、まず活動場所に通ってみる。		

（見直しポイント 1　p.150 参照）

優先順位	解決すべき課題（本人のニーズ）	支援目標	達成時期
1	自分の話を聴いてほしい。	相談支援専門員と保健師の訪問相談日が、安心して相談できる日になる。	○年4月
2	歌の話ができる友だちがほしい。	お昼休みに、会話がはずむようになる。	○年7月
3	明るい気持ちで過ごしたい。	今の生活のなかで行えていることを自分で認める。	○年7月
4	自分の小遣いで、ほしい物を買いたい。	障害年金の受給に向けて申請をする。	○年4月
5	気の合った人とコンサートに行きたい。	コンサートに参加する日を決める。	コンサート日

（見直しポイント 4　p.156 参照）

区分3	相談支援事業者名	A相談支援事業所
○○円	計画作成担当者	○○ ○○
毎月（2月・3月・4月・5月・6月・7月）	利用者同意署名欄	青空　あき　　　　印

仕事に行くことができません。お母さんは、最近はあまり無理しないで、ゆっくり働ける場所に行きないです。

見直しポイント 2 ▶ p.152 参照

け止め、安心して日中の活動場所に通えるように導く。まずは、安心して話ができる人と場所を、時間

たりしたときに相談できる人に、自分から相談できるようになる。

見直しポイント 3 ▶ p.154 参照

福祉サービス等 種類・内容・量（頻度・時間）	課題解決のための 本人の役割	評価 時期	その他留意事項
計画相談支援（A相談支援事業所　○○○○） 　○○相談支援専門員の毎月の定期訪問により、自分の想いを伝える。 　○○市　□□保健師　○○相談支援専門員と一緒に訪問する。（月2回のうち1回を同行する）	○○相談支援専門員に、話したいことをメモしておく。	○年3月	
△△就労継続支援B型事業所　週1回～2回 移動支援（△△就労継続支援B型事業所法人の移動支援事業所　●●） 関係づくりの訪問（○○相談支援専門員と同行）	ファンクラブに入って、その情報を活動場所で説明する。	○年3月	
◆◆総合病院（精神科）◎◎先生（医師） ◆◆総合病院（地域連携室）△△さん（MSW） お母さん　通院同行	安心して、お母さんと一緒に通院する。	○年3月	相談支援の状況を、△△MSWを通じて書面で主治医へ伝えることで、生活の様子をつかんでもらい、的確な助言をもらいやすくします。
お母さん　◆◆総合病院への年金診断書依頼 計画相談支援（A相談支援事業所　○○○○） △△さん（MSW）や○○年金課との連絡調整と申立書類の援助 移動支援事業所●●　新作CD発売日レコード店へ外出	見直しポイント 5 ▶ p.158 参照 総合病院で受診して診断書の作成を依頼する。	○年6月	
お母さん 計画相談支援（A相談支援事業所　○○○○） ※一緒に参加してくれる仲間を募る	お金の相談をお母さんとする（コンサートチケットを購入する時期を決める）。	参加日の確定時期	同行スタッフや、△△就労継続支援B型事業所での活動ボランティアや保護者会への情報提供と働きかけを行う予定です（★地元大学の発達支援ゼミ学生との相談を始めます）。

1部

2部

❹ 小目標がまとめにくい場合の計画作成

利用者及びその家族の生活に対する意向
（希望する生活）

利用者及びその家族の生活に対する意向（希望する生活）
これまで頑張ってきています。数年前から身体の調子がよくなく、仕事に行くことができません。お母さんは、最近はあまり無理しないで、ゆっくり働ける場所に行きなさいと言っています。私が働ける場所を一緒に見つけてもらいたいです。

ポイント解説

家族の意向を中心にした内容が、本人の意向になってしまっているので、本人の意向に戻す必要がある。このままでは、本人の意向を無視した「サービス等利用計画」の印象を与えてしまうのではないだろうか。

解説

　本人の真意を聞くことが難しい状況においては、家族の意向がそのまま記載されてしまうおそれがあります。本人がもっている心情と、これから求めようとしている内容が理解できる記述にしましょう。

　本人と家族からの聞き取りにより、話してもらった「話し言葉」をそのまま記述できる場合は、本人の言葉が中心となり、家族の言葉はそれを補うか、家族として願っていることとして記述されることが適当でしょう。

　本事例の場合、本人の言葉を引き出すまでには、本人との信頼関係の構築を図ることが最優先されました。まずは、母親の願いをしっかりと受け止め、その願いに本人がどう反応し行動に移しているかの把握と本人の想いを想像すること。現在に至るまでの経緯を知る関係者からの情報を受け取り、そこに秘められていた過去の想いを想像すること。障害福祉サービスとしての応援を焦らず、情報を提供することが目的の見学同行であることを本人に伝え、決して本人の意向に背いて応援する人ではない安心感をもってもらうことを基本にしています。この働きかけを続けるなかで、本人が話し始めた一言を丁寧に聴き取り、肯定する面接を繰り返すことで、本人の心情が仮説から確信へとつながります。

見直し　後

利用者及びその家族の生活に対する意向（希望する生活）

私はこれまで頑張って働いてきました。数年前から身体の調子がよくなく、仕事に行くことができなくなってしまい、苦しい思いをしています。安心して話ができたり、自分の考えを話せたりする場所や話せる人がほしいです。いつかは、元気になれると信じたいです。

ポイント解説

おかれている状況のなかでも、アセスメントで示された本人の言葉が大切に記述されていることで、本人と相談員（支援者）の関係性が強まる印象に大きく変わっている。

解説

　本人がおかれている状況と現在直面している状況から、次のステージへ進もうという本人の願いを受け止め、その願いをそのまま記述することが大切です。そのことが、今後の支援の軸となり、本人と支援者のイメージの共有につながります。

　本事例では、元気に就労する姿を願う母親への期待に応えようと、苦しんでいる本人の心情がアセスメントを深めるなかで理解されています。一方、それを期待する母親に対しても、本人は決して否定しているわけではない心情にも気づかされます。一番の応援者である母親には、話し出せた第一歩が着実に次のステージへとつながって来ていることを理解してもらい、これから一緒に応援してもらうメッセージであることを重要な視点として記載しています。また、同時にこれから応援してもらう関係者には、この意向をしっかり後押しし、安心できる支援者であることが入り口にあることを相談支援専門員が伝えていく必要があります。そして、本人には自分の願いを関係者が否定することなく、応援してくれることの説明をしていきながら、安心できる環境の場を一緒につくっていくイメージを共有する必要があります。

1部

2部

❹ 小目標がまとめにくい場合の計画作成

見直しポイント 2

総合的な援助の方針

見直し 前

総合的な援助の方針

不安な今の生活から、次の生活や活動に向かう思いをしっかり受け止め、安心して日中の活動場所に通えるように導く。まずは、安心して話ができる人と場所を、時間をかけて探していく。

ポイント解説

家族の意向に引きずられてしまい、活動場所に行くことが、本人の第一の希望に設定されてしまっている。家族への配慮は必要であるが、誰のための「サービス等利用計画」なのかを理解した表現になるように工夫する必要がある。

解説

見直しポイント 1 と同様に、家族の意向を中心にした援助の方針となっています。そのため、本当に本人の意向に沿って支援の方針が立てられているかを再確認することが必要になります。

とかく、利用者およびその家族の生活に対する意向から、「総合的な援助の方針」が立てられる経過のなかで、日中系の事業所の利用調整を図り、そこでの応援をする方向性を示してもらおうと、福祉サービス利用によって解決する選択肢を、いきなりツールとして活用しがちである傾向を相談支援専門員は常に意識化しておく必要性があります。

本事例は、再度本人の意向が福祉サービス事業所に通所したいという願いではなく、頑張らなければならなかった経緯を理解したうえで、安心できる人と場所を提供することで、今の生活から改善して行きたいという願いに基づいて計画は作成されています。総合的な援助の方針は支援者側からのアプローチだけではなく、支援の軸が本人の意思決定支援を念頭において進めていくことを最優先に記載されることが重要です。そうすることで、間違った個別支援計画が作成されないことにもつながり、一方では本人に向けたメッセージにもなります。

見直し 後

総合的な援助の方針

<u>支援者および家族全員が、</u>不安な今の生活から、次の生活や活動に向かう思いをしっかり受け止め、<u>自分の意思で決めていく過程</u>を認めていく。まずは、安心して話ができる人と場所を、時間をかけて探していく。

ポイント解説

本人の気持ちを家族と支援者が共有し、あせらずに次の支援に移行していくことの重要性を記述している。家族に配慮した表現であり、なおかつ、本人の意思も十分大切にしたものへと変わっている。

解説

　本人の思いをしっかりと受け止め、支援者がその思いを共有していくことが大切です。そのとき、専門職だけでなく、家族も支援者の一員であるという位置づけを行い、家族も一緒に支援していくということを理解してもらいます。こうした共通理解をふまえて、「総合的な援助の方針」がまとめられます。

　本事例では、期待を背負いながら体調を崩し、現在の状況から元気になりたいと願っている本人の思いがあります。一方、大切にしている本人へどう応援していくべきかに悩んでいる母親への支援という2つの視点が存在しています。そのため、家族と外部の支援者が共通の援助の方針を示すなかで、変化してくる事柄も重要な要素であり、入り口からかかわった相談支援との出会いのなかで、本人は「なぜ、話し始めてくれたのか？」がヒントとなりました。1つでも自らの願いを受け止めて、応援してくれる人であることを本人が認識してくれた時点で、語る手段を使えるストレングスに直面しました。「総合的な援助の方針」の軸に、本人が自らを肯定されて決めていく力を信じ、その環境づくりを応援することが大きな援助であることを、母親にもこれから応援する関係者にも、伝えきることが重要ととらえています。

見直しポイント 3

短期目標

見直し 前

短期目標
慣れるためにも、まず活動場所に通ってみる。

ポイント解説

「安心して話ができる人と場所を、時間をかけて探す」という援助の方針に反して、「通所すること」が目標になってしまっている。この記述では、サービスを利用することが目標となっており、質の低い表現と言わざるを得ない。

解説

「短期目標」は、具体的に、また、これから先の3か月程度をイメージしておく必要があります。「本人がどう取り組めばよいか」を示すのではなく、支援者の援助も得ながら、本人が長期目標に向かって、まず取り組むべき方向性を記述することになります。

相談支援が直面した本人のニーズを解決するために、障害福祉サービス利用を前提として福祉サービス事業所で解決するべき課題であるとの認識が、時に相談支援の現場では起きやすいと思われます。常に念頭におくべきなのは、本人がまず何に取り組めばよいのかが具体的かつ達成可能なハードルとして設定され、それを越えていけるチャレンジする力を発揮してもらえるかを、常に自問自答するなかで短期目標が立てられなければなりません。一方、福祉サービス事業所が、丸投げ的な支援としてつながれたわけではなく、支援開始後も相談支援と連携していくことも重要な視点といえます。

見直し 後

短期目標

相談できる人をもう一人つくる。

ポイント解説

今の生活を肯定し、理解してくれる支援者をつくるという将来像を記述している。
サービスにつながるまでの過程で、相談・応援してくれる人を期待させ、新たなことにチャレンジする気持ちにも配慮した、よい目標となっている。

解説

「短期目標」は、具体的に、また、これから先の3か月程度をイメージして、本人と支援者が一緒に歩んでいく目標とすることが大切です。この目標をクリアできた際の次の目標もイメージした、段階的な設定として記述します。

本事例では、新たな出会いのなかで安心して相談できる人ができ、その人を取り巻く人たちのなかで新たな交友関係もつくりながら、楽しみな活動への希望が伝えられて、一緒に楽しい経験を重ねていくステージが想定されています。しかし、いきなりこの大きなテーマへの支援を展開しようとした場合、そのハードルはとても高く、具体的にみえない支援者側からの一方的な支援計画に位置づいてしまう恐れもあります。そのため、入り口は本人が希望を伝えられる人をつくることを目標にし、そこに相談支援はアプローチしていくことをイメージしています。

ここに相談支援の調整機能として具体的な動きも明確化しました。新たな相談者との関係が築き出されたステージにおいては、関係機関が本人の行動に大きな賞賛と評価を提供する展開が待っており、次の支援を組み立ててもらうアプローチが準備されていきます。

見直しポイント 4

支援目標

見直し 前

支援目標
お昼休みに、会話がはずむようになる。

ポイント解説

支援者側からの願い・希望としての本人の努力目標になっており、本人への理解があまり期待できない表現である。

解説

　あくまでも本人がイメージできる目標とすることが大切です。達成が危ぶまれるような本人任せの努力目標ではなく、支援者も同時に目標とする方向性を見出せる記述であることが望ましいといえます。

　支援機関のアセスメントにより、ハード的な環境やそこで活動している利用者および支援者の趣味・思考まで具体的に知り得ないと、単なる努力的な支援目標になりがちです。そのため、具体的に支援する時間帯に支援機関を訪問し、相談や体験をしながら、方法を模索することが必要となります。また、これを担ってもらえるスタッフの協力とアイデアを提供してもらうことで、より具体性が増した目標となります。本事例では、この点を漠然とした目標にしないようにすることが重要な視点であるととらえています。

見直し 後

支援目標
△△就労継続支援B型事業所内で、同じ趣味をもつ人たちとのしゃべり場をつくる。

ポイント解説

支援者としての具体的なイメージができ、かつ本人も理解しやすく、目標に一緒に向かえる記述をすることが重要である。

解説

　支援者としての具体的なイメージができ、かつ、本人もかかわりやすいような具体的な記述をすることで、本人がどうするかがわかりやすくなります。

　本事例では、本人と同様に音楽やコンサートが好きな利用者や支援者の情報を事前に提供してもらい、本人が利用する前段階から、歌や音楽の会話が弾む時間帯やその場所を利用時の個別支援計画に具体的に反映してもらうことを前提に記載しています。

　本人にも、自ら情報提供できる準備や機会があることも伝えながら、楽しみにしてもらう期待感も事前提供できるとさらにモチベーションの向上につながります。

課題解決のための本人の役割

見直し 前

課題解決のための本人の役割

総合病院で受診して診断書の作成を依頼する。

ポイント解説

本人だけでは果たせないような役割の場合、かえって本人が困惑することになる。専門職の意図や役割、利用者の理解度が混在している記載は避けるようにする。

解説

　本人が果たせそうな内容の役割でなければなりません。結果として役割を果たしたことが認められ、達成感を味わうことができてこそ、本人も支援計画を実施する主体者であると実感できることになります。

　本人の役割では、具体的なことが示されないまま、本人の役割として位置づけられてしまうことがあります。本事例では、病院へ受診した際にどのように診断書の作成を依頼するのか？という質問が返ってきてしまう記載内容となっています。診断書の作成のために、本人が「自分は何をすればこの目標の一部の役割を主体的に達成したか」が具体的にみえることが重要です。本人がこの目標に対して、自分の力を使って達成したことで、結果が導かれて周囲から賞賛され、加えて自己肯定感がもてる展開がその後に待っている必要があります。

見直し 後

課題解決のための本人の役割

診断書の作成のために、○○先生に受診する（お母さんと一緒）。

ポイント解説

支援を受けながらも、本人が行う役割が理解できるように記述されており、本人の役割にも十分配慮した表現になっている。

解説

　支援者がいる、いないにかかわらず、本人が自らの役割を担い、目標を達成していく過程がみえるように、具体的に記述することが必要です。

　本事例では、自らの収入によりほしいものが買えるための準備として、自分の願いのために目標に対して主体的かつ具体的に何をすればよいのかが理解され、その行動を起こせたことが結果につながることが重要です。そこには、すべて自ら行わなくても、いくつかの支援を受けても、自らの行動がその後の生活につながっていくことを体験することが、生活の主体者が自分であることを感じる大きな場面であるととらえています。相談支援には、この主体的な本人へどのように寄り添い、必要なことに応援を注ぐための調整を果たし、結果、本人がエンパワメントされていく過程を支援していくという基本的な役割があります。

見直し後　サービス等利用計画

サービス等利用計画

利用者氏名（児童氏名）	青空　あき　様	障害支援区分	
障害福祉サービス受給者証番号	○○○○○○○○○○	利用者負担上限額	
地域相談支援受給者証番号		通所受給者証番号	
計画作成日	○年○月○日	モニタリング期間 （開始年月）	
利用者及びその家族の生活に対する意向（希望する生活）	私はこれまで頑張って**働いてきました**。数年前から身体の調子が**自分の考えを話せたりする場所や話せる人がほしいです**。いつか		
総合的な援助の方針	**支援者および家族全員が**、不安な今の生活から、次の生活や活動できる人と場所を、時間をかけて探していく。		
	長期目標	好きなことを話せる人・嫌だったことを話せる人・迷ったり困っ	
	短期目標	**相談できる人をもう一人つくる。**	

優先順位	解決すべき課題 （本人のニーズ）	支援目標	達成時期
1	自分の話を聴いてほしい。	相談支援専門員と保健師の訪問相談日が、安心して相談できる日になる。	○年4月
2	歌の話ができる友だちがほしい。	**△△就労継続支援B型事業所内で、同じ趣味をもつ人たちとのしゃべり場をつくる。**	○年7月
3	明るい気持ちで過ごしたい。	今の生活のなかで行えていることを自分で認める。	○年7月
4	自分の小遣いで、ほしい物を買いたい。	障害年金の受給に向けて申請をする。	○年4月
5	気の合った人とコンサートに行きたい。	コンサートに参加する日を決める。	コンサート日

区分3	相談支援事業者名	A相談支援事業所
○○円	計画作成担当者	○○　○○
毎月（2月・3月・4月・5月・6月・7月）	利用者同意署名欄	青空　あき　　　　　印

よくなく、仕事に行くことが**なくなってしまい、苦しい思いをしています。安心して話ができたり、****は、元気になれると信じたいです。**

に向かう思いをしっかり受け止め、**自分の意思で決めていく過程を認めていく。**まずは、安心して話が

たりしたときに相談できる人に、自分から相談できるようになる。

福祉サービス等 種類・内容・量（頻度・時間）	課題解決のための 本人の役割	評価 時期	その他留意事項
計画相談支援（A相談支援事業所　○○○○） 　○○相談支援専門員の毎月の定期訪問により、自分の想いを伝える。 ○○市　□□保健師　○○相談支援専門員と一緒に訪問する。（月2回のうち1回を同行する）	○○相談支援専門員に、話したいことをメモしておく。	○年3月	
△△就労継続支援B型事業所　週1回～2回 移動支援（△△就労継続支援B型事業所法人の移動支援事業所　●●） 関係づくりの訪問（○○相談支援専門員と同行）	ファンクラブに入って、その情報を活動場所で説明する。	○年3月	**事前準備として、歌の好きな利用者さんや同じアーティストのファンなど話が合いそうな仲間と一緒にお茶が飲める環境を整えていただけるような配慮をお願いします。**
◆◆総合病院（精神科）○○先生（医師） ◆◆総合病院（地域連携室）△△さん（MSW） お母さん　通院同行	安心して、お母さんと一緒に通院する。	○年3月	相談支援の状況を、△△MSWを通じて書面で主治医へ伝えることで、生活の様子をつかんでもらい、的確な助言をもらいやすくします。
お母さん　◆◆総合病院への年金診断書依頼 計画相談支援（A相談支援事業所　○○○○） △△さん（MSW）や○○年金課との連絡調整と申立書類の援助 移動支援事業所●●　新作CD発売日レコード店へ外出	**診断書の作成のために、○○先生に受診する（お母さんと一緒）。**	○年6月	
お母さん 計画相談支援（A相談支援事業所　○○○○） ※一緒に参加してくれる仲間を募る。	お金の相談をお母さんとする（コンサートチケットを購入する時期を決める）。	参加日の確定時期	同行スタッフや、△△就労継続支援B型事業所での活動ボランティアや保護者会への情報提供と働きかけを行う予定です（★地元大学の発達支援ゼミ学生との相談を始めます）。

編著者一覧

■編集

日本相談支援専門員協会（にほんそうだんしえんせんもんいんきょうかい）

■執筆者（五十音順）

東美奈子（あずま　みなこ）
相談支援事業所 Reve 相談支援専門員

岩上洋一（いわがみ　よういち）
特定非営利活動法人じりつ　代表理事

小野尚志（おの　たかし）
留萌圏域障がい者総合支援センターうぇるデザイン　地域づくりコーディネーター

金丸博一（かねまる　ひろかず）
柏学園相談支援事業所　相談支援専門員

菊本圭一（きくもと　けいいち）
社会福祉法人鶴ヶ島市社会福祉協議会　事務局次長

齋藤栄樹（さいとう　えいき）
社会福祉法人ありのまま舎　相談支援センター県南ありのまま舎　センター長

鈴木敏彦（すずき　としひこ）
和泉短期大学　教授

鈴木智敦（すずき　ともあつ）
名古屋市総合リハビリテーションセンター　自立支援部長兼事務局参事（障害者支援施設長）

鈴木康仁（すずき　やすひと）
蒲郡市障がい者支援センター　センター長

田中慎治（たなか　しんじ）
社会福祉法人希望の家　事業統括管理者

玉木幸則（たまき　ゆきのり）
社会福祉法人西宮市社会福祉協議会　相談支援事業課　相談総務係係長

橋詰　正（はしづめ　ただし）
上小圏域障害者総合支援センター　所長

相談支援専門員のための「サービス等利用計画」書き方ハンドブック

障害のある人が希望する生活の実現に向けて

2017年7月25日　初　版　発　行
2024年10月20日　初版第6刷発行

編　　集●日本相談支援専門員協会
発 行 者●荘村明彦
発 行 所●中央法規出版株式会社
　　　　　〒110-0016　東京都台東区台東3-29-1　中央法規ビル
　　　　　TEL 03-6387-3196
　　　　　https://www.chuohoki.co.jp/

ブックデザイン●株式会社ジャパンマテリアル
印 刷・製 本●株式会社アルキャスト

ISBN978-4-8058-5559-1
定価はカバーに表示してあります。

本書のコピー、スキャン、デジタル化等の無断複製は、著作権法上での例外を除き禁じられています。また、本書を代行業者等の第三者に依頼してコピー、スキャン、デジタル化することは、たとえ個人や家庭内の利用であっても著作権法違反です。

落丁本・乱丁本はお取替えいたします。

本書の内容に関するご質問については、下記URLから「お問い合わせフォーム」にご入力いただきますようお願いいたします。
https://www.chuohoki.co.jp/contact/